名人故居中的情怀与担当

——学区化育人方式转型的探索

主　编　滕　平　陈丕君　吕　东

副主编　马　昕　范建军

中国轻工业出版社

图书在版编目（CIP）数据

名人故居中的情怀与担当：学区化育人方式转型的探索 / 滕平，陈丕君，吕东主编．— 北京：中国轻工业出版社，2020.5

ISBN 978-7-5184-2929-5

Ⅰ．①名…　Ⅱ．①滕…　②陈…　③吕…　Ⅲ．①中小学生 - 爱国主义教育 - 教学研究 - 上海　Ⅳ．① G631.4

中国版本图书馆 CIP 数据核字（2020）第 039025 号

策划编辑：张文佳　　责任终审：李建华　　封面设计：锋尚设计
责任编辑：崔丽娜　　责任校对：吴大鹏　　责任监印：张　可
版式设计：锋尚设计

出版发行：中国轻工业出版社（北京东长安街6号，邮编：100740）
印　　刷：北京君升印刷有限公司
经　　销：各地新华书店
版　　次：2020年5月第1版第1次印刷
开　　本：720 × 1000　1/16　印张：10.25
字　　数：200千字
书　　号：ISBN 978-7-5184-2929-5　定价：39.00元
邮购电话：010-65241695
发行电话：010-85119835　传真：85113293
网　　址：http://www.chlip.com.cn
Email：club@chlip.com.cn
如发现图书残缺请与我社邮购联系调换
181442Y2X101HBW

序

潮起潮涌：面对新时代的教育改革

党的十八大以来，以习近平同志为核心的党中央，着眼统筹推进“五位一体”的总体布局、协调推进“四个全面”的战略布局，对教育工作作出了一系列重大决策部署。我国教育改革发展，贯彻习近平新时代中国特色社会主义思想中的治国理政新理念新思想新战略，始终围绕创新、协调、绿色、开放、共享新发展理念，坚持发展抓公平、改革抓体制、安全抓责任、整体抓质量、保证抓党建，加快推进教育现代化。近十四亿人享有更好更公平的教育梦正逐步成为现实。而“十三五”期间，上海基础教育也通过集团化、学区化等举措，积极深化课程改革，推行绿色评价，比较有效地解决了大众化背景下的优质均衡问题。

十九大报告提出，中国特色社会主义进入新时代，中国社会的主要矛盾已经转化为人民日益增长的美好生活需要和不平衡不充分的发展之间的矛盾。全国教育大会和上海教育大会更是进一步明确，今后一个阶段，基础教育发展的任务就是进一步促进教育均衡发展，解决好不平衡不充分的问题，满足人民日益增长的享受更公平、更高质量、更美好教育的需求，从办人民满意的教育向办好人民满意的教育转变。2019年6月23日《中共中央国务院关于深化教育教学改革全面提高义务教育质量的意见》（简称《意见》）更是明确提出，要坚持立德树人，着力培养担当民族复兴大任的时代新人；坚持“五育”并举，着力解决素质教育落实不到位的问题。《意见》在突出德育实效、提升智育水平、强化体育锻炼、增强美育熏陶、加强劳动教育等方面提出了针对性的举措，以构建德、智、体、美、劳全面培养的教育体系。而《上海市初中学生社会实践管理工作实施办法》也从2019年9月1日起实施，把学生的社会实践纳入综合素质评价体系以及中考招生考核。

面对新时代教育改革的潮起潮涌，我们的基础教育工作者理当牢记为党育人、为国育才的初心和使命，不断探索深化基础教育育人方式转型的新思路、新举措。而令人欣喜的是徐汇区“天平—湖南”学区（简称“天湖学区”）在学区化办学的改革探索中朝着立德树人全程贯彻下的学习方式转型迈出了坚实的脚步……

物华人杰：挖掘学区中的育人资源

“天湖学区”是教育局于2015年10月成立的第二批学区试点，旨在通过建立“资源共享、活动联合、教学合作”的教育共同体，提升学区内各校的办学品位，让不一样的学校一样的精彩。

“天湖学区”共有10所优质的、富有办学特色的中小学和2所社区学校。它们分别是：位育初级中学、市二初级中学、位育实验学校、五十四中学、高安路一小、建襄小学、襄阳小学、世界小学、爱菊小学、一中心小学、天平社区学校、湖南社区学校。

“天湖学区”地处徐汇以北，地跨天平街道和湖南街道，位于衡山路复兴路历史文化风貌保护区。这里人文气息浓厚、历史悠久，是上海市区老洋房最集中、品质最好的区域，占全市同类型房屋面积的39%，为全市各区之冠，拥有优秀历史建筑950幢，保留历史建筑1774幢，一般历史建筑2259幢，其他历史建筑1424幢。其中典型的有复兴中路的克莱门公寓、复兴公寓、黑石公寓，淮海中路的上方花园、新康花园等，建筑风格迥异，每一幢老洋房都承载着一个当年上海滩的传奇故事；这里文化资源丰富，坐拥上海图书馆、上海交响乐团、上海越剧院、上海话剧艺术中心、上海音乐学院、上海教育出版社、科技文献出版社等文化单位；这里名家云集，巴金故居、张乐平故居、柯灵故居等文坛巨匠皆坐落于此。

根据学区独特的地理位置和丰富的文化资源，学区通过办学的不断实践逐步形成了“一二三四”办学格局，即一个“以培养‘隽雅’气质的天湖学子”的育人目标，利用“物华”和“人杰”两类资源，打造以建筑文化为主题的“体验式老洋房课程”（物华）、以名家互动为形式的“访谈式名家坊课程”（人杰）、以考证赏析为载体的“探究式名人故居课程”（物华+人杰）三大平台，完善管理协同、区域联合、资源共享和研训一体的四种机制。“品物华、慕人杰、修隽雅”是对学区的精准概括。

自2015年办学至今，学区各校学生34860人次参加天湖社区活动698次，与社区建立了36家共建单位，开发了19门学区共享课程，组织联合教研百余次，市区教学展示数十次。

学区聚焦怎样培养人，以体现学区课程共建为抓手，充分用好丰富资源，深入挖掘学区文化，营造学校、家庭、社区相融合的学区育人氛围，开发名人故居课程。通过寻访10所老洋房，感受民族十大情怀：中唱小红楼爱国情怀、黄兴故居英雄情怀、宋庆龄故居奋斗情怀、荣德生故居兴业情怀、巴金故居求实情怀、张乐平故居平民情怀、颜福庆故居仁爱情怀、柯灵故居乡土情怀、丁香花园包容情怀、武康大楼文化情怀，打造学区德育30分钟活动半径。

跨界融合：探索学区化的育人转型

“育人方式转型”是当下基础教育深化课程改革重要的突破口。就学校而言，要切实改变原有的“课内”与“课外”两张皮现象，要以立德树人为标杆，努力梳理并建立各类课程与活动彼此之间存在着的相辅相成、相得益彰的内在联系，基于学生综合素质培养重新设计与整合各种课程资源，全面提升办学水平，切实提高育人质量。需要指出的是，在基础教育由应试模式转向素质模式时，学生学习动力系统的构建和增强必须受到更大的关注，学生创新能力的培养和个性的全面发展必须置于教育的核心地位，使学生的成长真正步入轻负高质的健康轨道。

本书收录了“天湖学区”10所学校通过寻访10所老洋房感受十大情怀的课程开发实施的成果。学区的学校在开发实施课程的过程中，从资源地图、课程赋能、学习目标、学程设计、课程实施、课程评价等要素进行了较为科学和完整的课程建构。依托这样的课程，探索了育人方式转型和学习方式变革，使得这一特色的学区化课程具备了跨学科学习、混合式学习、项目化学习、具身学习等新时代特征。“天湖学区”的课程开发与实施无疑为我们提供了学区化课程建设和依托社区资源的深度开发深化立德树人的典型范例。

期待作为上海市中心城区一流教育方阵中的徐汇教育，期待拥有丰富课程育人资源的“天湖学区”，面对基础教育改革和上海城市发展能级转换汇总更多的新问题、新机遇，用更多的定力、更大的努力、更强的实力，进一步深化学区的课程与教学改革，牢牢把握课程教学质量的生命线，继续向更高、更卓越的教育质量高峰攀登，当好区域基础教育质量的优质、均衡、卓越的先行者和排头兵。

编者

目录

上海市徐汇区世界小学

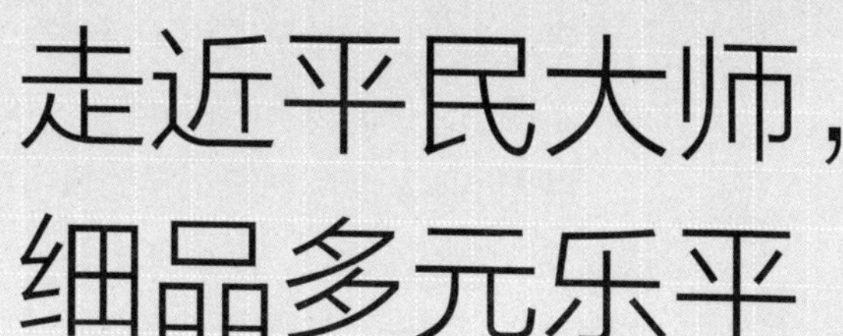

走近平民大师，细品多元乐平

世界小学坐落在环境幽雅、文化底蕴厚实、人文环境极佳的湖南社区。学校虽几经更名和移址，但始终坚持着薪火相传，一脉相承，积淀了厚实的高雅文化的底蕴。学校以“切切实实的学习、认认真真的工作、快快乐乐的生活”为校训，培养学生“在学习中，勤于思考、视野宽阔；在伙伴中，热情大方、开朗合群；在生活中，学会欣赏、情趣高雅；在运动中，乐于锻炼、体魄强健；在社会中，举止文雅、知书达礼。”学校长期以来，智慧运用独有的老洋房地域文化，引导和培育学生综合素养的持续发展。在推进“老洋房名人故居教育活动”中，学校从实际愿景、区域课程共建使命和学校教育理念出发，精心打造了“平民大师 三毛之父——张乐平故居”课程，有效拓展学生历史知识，促进学习名人精神，对塑造高尚品格起到了重要作用。为了让课程更好地对接学校学情、育人目标、时代精神和城市文化传承的需要，课程内容全方位融入了思想品德、文化知识、艺术体育、社会实践等方面的教育，真正实现让学生产生“浸身式”的学习体验。

上海是一座“海纳百川、追求卓越、开明睿智、大气谦和”的城市，中国近代诸多的历史事件、文化名人等，都与这座城市有着不解之缘。而老洋房建筑作为其深厚历史底蕴的承载者，文化文脉的见证者和传承者，为学校积极落实和不断丰富文化教育实践活动、创新和培育具有校本特色文化的教育内容提供了有效载体。

世界小学从实际愿景、学校教育理念和区域课程共建的使命出发，选取了以学校为圆心、步行30分钟以内的张乐平故居作为学生校外研学实践教育的活动点。得益于徐汇区“衡复风貌保护区”的有机生长，张乐平故居已于2016年起正式对外开放，成为公共文化空间的一部分，更为世界小学探索构建相关课程提供了不可多得的机遇。经过几年的努力，世界小学最终精心打造出了一门有传承、有品位、受欢迎、见实效的校本课程——“平民大师 三毛之父——张乐平故居”（简称“张乐平故居”课程）。

作为张乐平先生创造三毛形象及其生活近半个世纪的居所，这座假三层近代里弄式花园洋房，其真正的价值不仅在于它自身建筑风格和艺术上，更在于故居内所保留下的极其丰富的资料和漫画、国画、年画、彩墨画等作品，这些资料和美术作品，见证了张乐平生活、学习、创作的足迹。因此，张乐平故居是一处极其难得的学生思想品德、人文历史、绘画艺术等多元一体的教育资料库。学生亲历故居的一事一物，对其展开深入探踪，既能使学生进一步清晰了解张乐平生活之地，增强学生对于其生活地的情感；又能够有效地拓展学生的人文历史知识，学生通过这样的研学活动，学习名人精神、塑造高尚品格、增强社会责任。

为了让课程更好地对接学校的学情和育人目标，对接时代精神和城市文化传承的需要，学校把课程内容全方位地融入思想道德教育、文化知识教育、艺术体育教育、社会实践教育各个环节，真正实现让学生产生浸身式的学习体验，世界小学从资源地图、课程赋能、学习目标、学程设计、课程实施和课程评价六个方面对该课程进行了研究和打磨。

资 源 地 图

一座城市的独特文化基因

张乐平故居课程资源图谱主要是指基于核心素养的学生发展需求，以课程建设为抓手，围绕一个“隽雅”育人目标，针对“物华、人杰”的学区特点，深入挖掘“品物华”“慕人杰”的地域文化内涵，并将已经搜集到的大量有关故居的资源进行图谱化处理，使其更具有直观性、可视化的效果，继而使课程建设与各种资源之间形成承接、交互、演化、递进等多重逻辑关系，最终，把学生深入名人故居研学实践的教育活动，真正打造成为一门体现地域文化特点、符合区域学情、学校校情的特色课程。

从狭义上看，资源图谱中的“图”的标识载体是故居及其周边的地图；深化看来，还包括故居本身及其衍生的时间底蕴、空间地缘等。“谱”是指故居可外扩的区域性、独特性、系统性资料。图谱合一，形成故居课程资源在空间上具有“在地性”与“区域性”，在时间上具有回顾与传承的动态变化的统一表述。

《三毛流浪记》的作者张乐平的故居

本课程的资源图谱构建主要来源于“张乐平故居”。张乐平故居属名人故居之列，由于名人居住地迁移的原因，同一位名人的故居往往不止一处，例如张乐平先生的故居纪念馆就有两处：一处在上海五原路288弄，是张乐平先生居住时间最长的居所；另一处在浙江省海盐县的城中心，是张乐平先生的故乡。上海的故居，是张乐平先生居住时间最长、创作活动最频繁、积累史料最丰富的纪念馆，是张乐平先生在上海这座城市的独特文化基因熏染和人文积淀下独有的产物。因此，在这所故居中，学生能深切感受到的，不仅仅是一幢漂亮的西洋建筑，而是一种多元文化互补共存的氛围中，一个中国艺术家热爱祖国、热爱生活、热爱创作的品格。根据学生对于故居的建筑风格、名人的生活经历和文化产物的研学的需要，课程在对张乐平先生故居及其相关资料进行精心梳理的基础上，编制了相应的“课程资源图谱”，为学生深入了解和感受张乐平先生及其同时代人物所反映的微观名人心理与宏观的时代性铺设了清晰的研学路径。

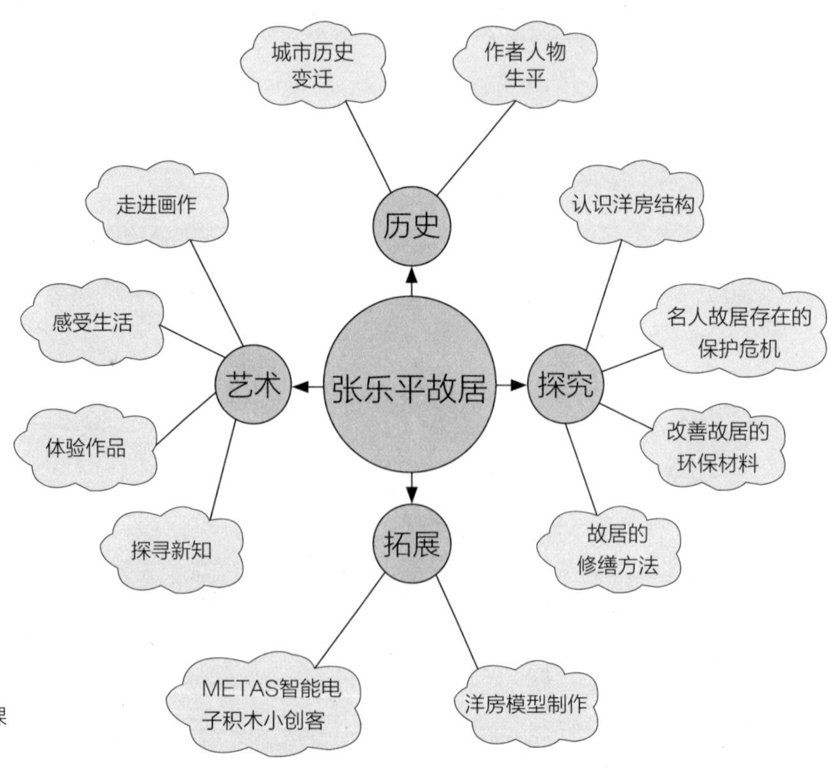

张乐平故居课程资源图谱

课 程 赋 能

在鲜活的社会生活中看见宏大的叙事

张乐平故居课程着眼于真实而鲜活的社会生活，以艺术、历史、建筑、科技等学科为切入点，具有宏大的、厚重的、极富价值的德育价值。其不仅因地制宜地发挥出学校地域环境所蕴含的德育资源价值，也结合相关学科主题，发挥和放大校外德育资源的教育价值。

一、以不动的洋房构建生动的课堂

长期以来，学校依托湖南社区的地域资源，以史养识，努力挖掘、探踪老洋房背后的故事，感受其丰厚的人文底蕴，致力于使“不动的洋房”成为学生开阔眼界、陶冶情操、提升爱国情感的生动课堂。学生在耳濡目染的熏陶和依势而就的地理环境中，在“润物无声”的研学活动中，细品、感受、认识到了海派文化的精髓。

二、以统整的视角构建生态课堂

张乐平先生是三毛原型的创作者，对于小学阶段的学生来说，三毛是他们的“同龄人”，三毛的故事叙述更是这一“同龄人”在不同社会制度下的日常生活，故事的情节比较能够打动学生。学校通过张乐平故居的课程研发，以项目引领的方式，提高教师的课程意识，增强教师的课程执行力，激发教师主动开发课程的积极性。学校还加强课程统整，将张乐平故居课程与道德与法治、品德与社会、美术、劳动与技术等课程进行整合，打破学科壁垒，构筑生态课堂。

三、以共建的课程实现资源共享

世界小学作为学区“30分钟德育圈”的牵头单位，一方面，依托衡复风貌保护区的优质资源，深入挖掘资源背后的人、事、物、情，清晰呈现地域文化内涵，着力打造学区共建课程，以期实现优质资源的交互共享。另一方面，学校以课程建设为抓手，确立课程的主要目标，并对课程进行模块化的探索与建设。学校开发研制以张乐平故居为主题内容的校本课程，其目的是希望通过了解张乐平生平、对故居考察及对其画作的欣赏与解读，了解其背后隐藏着的故事，让学生以体验教育为途径，最终实现育人目标。

学习目标

唤醒儿童内心的真善美

本课程的学习目标主要围绕学校的培养目标“视野开阔”“开朗合群”“情趣高雅”“体魄强健”“知书达礼”展开，并细化为“思考的动能”“人文的情怀”“创新的素养”三个方面，旨在通过“细品名人文化”的过程中，落实对学生的知识技能和方法的形成、情感态度的培养。

01 通过对画作的赏析，了解漫画、彩墨画等艺术特点和创作手法，感受大师的艺术修养和艺术人生。

02 通过对画作的细节赏析，尝试发掘画作外在与内在的联系，探索画作所表达的内涵；体验、比较新旧社会不同的生活，感受现在的幸福生活。

03 通过经典作品的赏析，引发对平凡生活的思考，启迪内心的真善美。

学程设计

与名人对话的“人文”共情

本课程的进程主要围绕“漫话乐平”“邂逅乐平”“畅想乐平”三个维度展开，通过跨学科学习的方法，引导学生对课程的兴趣和思考，并从课程的内容设置上体现学校的教育理念。

为了更为深入地挖掘洋房里的人文历史和名人轶事，以爱国情感培育为主线，进行深入地挖掘和提炼，从而使“平民大师 三毛之父——张乐平故居”这门校本课程凸显出以“多元目标，课程融合”为核心的项目化活动学习设计内涵。

制订课程计划之初，学校就根据前期绘制的课程资源图谱，对照学校的培养目标，结合学生的学习需求，选取了“漫话乐平”“邂逅乐平”“畅想乐平”三个维度，对学生进行多元目标的渗透，旨在丰富学生跨学科学习经历，建立系统的思维方式、提高思考动能；通过“汲取”“融合”“反馈”三大课程学习过程的“层进性划分”，为学生创设更加顺畅有效的渐进式的学习过程，并且以开阔的视野践行课程的横向融合、激发学生的“自建构”学习潜能，形成创新素养，在与名人的对话中，产生“人文”的共情。

一、漫话乐平

该模块主要着眼于张乐平先生所处的时代，落实学生对人物生平和人物作品的了解。

张乐平故居坐落于上海市徐汇区五原路288弄3号，建于20世纪30年代，是一座假三层近代里弄式花园洋房。1950年6月至1992年9月，张乐平先生在此居住，期间创作了大量的漫画、国画、年画、速写和彩墨画等脍炙人口的传世之作。本课程的第一阶段，以小学低年级学段的学生为学习对象；课程的主要内容，就是引导和帮助学生初步了解张乐平先生的生平及其作品，收集交流三毛的故事和漫画，初步感受张乐平先生热爱祖国、热爱生活、热爱艺术的情怀。

二、邂逅乐平

该模块主要侧重于让学生走进场馆、在亲身实践中体验，从而让学生在感悟大师、追溯时代情怀的基础上，自然而然地萌发爱国情怀。

“故居是重要的文化资源，具有深刻的历史价值和文化内涵，记载着城市的历史变迁，传承着城市的文脉，给后人以教育、以警示、以启迪”。“老洋房名人故居”从一个角度记载了中国近百年以来风云变幻、社会沿进的历史。读懂老洋房，就是要读懂它背后蕴藏的故事；走近老洋房，就是要对文化的体验内化为爱国的情感。张乐平故居作为上海衡复风貌保护区的可贵不可移动建筑，有着它不可复制的历史和人文价值。因此，课程的第二阶段，要求学生能够走出校园，走进故居，去切身体验其中所蕴含的别样情怀。考虑到考察实践的过程，对学生的前期知识准备和认知能力有一定要求，所以，这一阶段的课程所面向的对象，主要是小学中高年段的学生。

三、畅想乐平

该模块将目光投射于城市文化文脉的传承与科技的创新，是对未来洋房无限可能的拓展性再思考。

历经岁月的老洋房建筑，作为近代诸多名人的居住和生活之地，是近代社会思想文化的重要载体，其外部样式和内部结构都反映着相关信息，蕴含着文明进程的社会记忆。“畅想乐平”模块的课程建设宗旨，是希望通过名人故居的研学活动，让以“张乐平故居”为代表的一系列老洋房名人故居，真正发挥出其人文教育价值，焕发出全新的时代魅力。在多元目标的课程实施过程中，学校尝试将张乐平故居课程与课标内的显性课程以及富有学校本身特色的隐性课程相融合，力求打破学科之间的壁垒，为老洋房的未来畅想注入新的生命力。

以上三个主题，也对应时间维度中的“过去”“现在”和“未来”，分别回应了课程目标中对“思考的动能”“人文的情怀”“创新的素养”的培养要求，也与学校培养目标中的“视野开阔”“情趣高雅”“开朗合群”相契合。

课　程　实　施

在获得感中增强认同感和自豪感

本课程实施的主要策略，是结合“漫话乐平”“邂逅乐平”“畅想乐平”三个主题，与我校的校园文化节相融合，并选用最契合主题的方式开展活动教学，使学生能够在实践中提高学习兴趣，在获得感中增强对民族文化、地区文化的认同感和自豪感，并逐步养成主动探索和创新的学习品格。

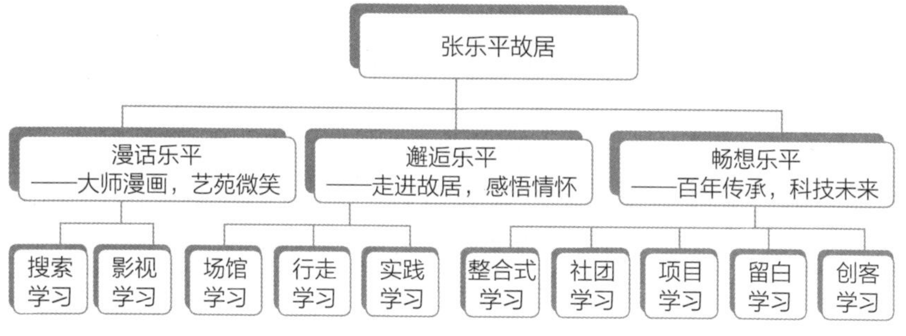

张乐平故居课程学习谱系

一、漫话乐平——大师漫画，艺苑微笑

在这一阶段的课程实施中，学生主要采用搜索学习、影视学习两种学习方式。

（一）搜索学习

所谓搜索学习，是指“探寻问题、聚焦问题的过程”。对于刚开始接触“张乐平故居”这一课程的学生而言，“搜索”无疑是一项必备的学习技能，也是很有效率的学习途径。因此，在这一阶段的课程实施过程中，首先要求学生尝试调动已有的知识和阅历，对张乐平作为一名漫画大师的作品做简要的认知和回顾；当学生初步储存这一系列相关的知识后，就需要开始借助于互联网对“无法解决”的问题进行深入性、拓展性和延伸性的搜索，如对张乐平生平的了解、对三毛的故事、漫画的“搜集”等。在“搜索”的过程中，学生可以根据自身的兴趣和需要，在大量内容中选取与课程要求有关的内容，进一步加快对课程学习的深入。

（二）影视学习

用影视推进课程实施的策略与方法，具有“可视性”“直观性”等优势，对于许多与张乐平故居未曾谋面的学生而言，在搜集学习的基础上进行影视学习，不仅能够更快地“理解特定的文化”，更能进一步巩固和增强对于本课程学习的兴趣。

有鉴于此，学校不仅组织学生观看了张乐平先生漫画改编的《三毛流浪记》《三毛从军记》等动画、电影作品，还为“张乐平故居”的课程度身打造了“专题慕课”。慕课是“互联网+教育”的产物，具有“大规模”“开放性”“网络化”的特征。学生在具体的学习过程中，可以不受时间、空间的局限进行观看；学生在绘制课程资源图谱的过程中，将所得的有关张乐平故居的丰富图像资料、张乐平及其作品的文献资料，进行归纳和梳理，并形成深入浅出的说明。以这种直观的方式展现在学生面前，不仅让学生避免单一且枯燥的文字阅读的学习策略和方法，更符合此阶段学生的求知需求，有效扩展学生的自主学习空间，让学习真正变得“听得到、看得见”。

二、邂逅乐平——走进故居，感悟情怀

在这一阶段课程的实施中，主要运用了场馆学习、行走学习和实践学习三种学习方式。

（一）场馆学习

场馆作为一种文化传承的社会性机构，肩负着面向社会公众尤其是青少年群体普及科学文化知识的责任。场馆是课堂的有效延伸，是课程的有效载体。张乐平故居有着丰富的场馆资源，因此适合安排学生进入场馆学习。

张乐平故居的一楼展厅以介绍张乐平的生平为重点，安排了“百年乐平”“大师漫画”“艺苑撷英”和“朋友画我”四个展区。这里专设了介绍张乐平先生生平的展板和滚动播放的影像资料、各类作品和画具的展示柜、张乐平早期绘制的三毛形象原作，以及安装了《三毛流浪记》《三毛从军记》《三毛外传》等经典漫画触摸屏幕的电子书柜，如

此丰富的文献、画作等实物资料，可为学生了解张乐平先生一生重要节点提供重要线索。

二楼是张乐平先生原先居住的家，其中包括当时张乐平会见众多文化名人的会客室。会客室中的摆设也还原了当时的情景，张乐平先生用于绘画的书桌上，还摆放着当时使用的毛笔，台历上的日期停留在了他离开我们的那一天；会客室旁边的卧室摆放了他与夫人的合照，墙上悬挂着向阳小学的少先队员们赠送给张乐平先生的队旗。

因此，在学生对课程的主要架构已有一定认知的基础上，学校组织安排学生走进场馆，走进名人故居，可谓是此阶段最适切的学习方式途径。

（二）行走学习

在场馆学习的过程中，还需得到行走学习和实践学习的有效支撑。根据本课程的目标要求，将学生在这一阶段的学习侧重点，确定为围绕“走进场馆，在亲身实践中体验，从而让学生在感悟大师、追溯时代情怀的基础上，自然而然地萌发爱国情怀”，由于不同年段的学生对于事物的感知能力不同，因此不同学段的学生对于同一主题的切入点会有所不同，产生的感悟模式也会随之改变。有鉴于此，课程基于学生的认知情况和道德与法治、品德与社会等相关课程的要求，针对不同年段学生的学习特点和要求，设计了“先校后馆”和“先馆后校”两种学习模式。

相对而言，中年级段学生已经初步产生一定的社会性认知能力，对于初次走入学校组织的场馆活动好奇心旺盛，因此，在“先校后馆”的参观学习模式下，课程先为学生设置前期的任务单作为学习内驱动力，让学生真正知晓：为何要走进“张乐平故居”，又要从故居中获得什么。其中，任务单中包含“走进画作”“感受生活”“体验作品”“探寻新知”四个部分，分别要求学生“用线连接这些作品所在的展区或板块名称”“了解画中三毛处于中国的哪个时期”“用合适的色彩来表现新、旧社会的三毛形象”“记录下自己印象最深的一帧四格漫画”“了解张乐平先生除三毛之外的其他作品”。这样的任务单，能够积极推动学生在“行走”中做好观看、欣赏、拍照、记录的工作，也为之后年段的体验感悟做好先期铺垫。

（三）实践学习

高年级段的学生在多次课程实践的基础上，已经对故居场馆的外显性知识有了一定的了解，因此，此时课程将实施模式调整为“先馆后校”的参观学习。课程首先给予学生一个较为笼统的研学主题，如感悟大师情怀、追溯时代情怀等，让学生充分发挥自身的感知能力，再度对已经较为熟悉的张乐平故居进行参观，引导学生发现与“大主题”有关联的部分，并进行更深入的思考。回到学校后，教师根据学生的初步收获，在先前“研学主题”的基础上，为学生“搭建”更加细化的“学习支架”，例如：“简述张乐平的绘画特征”“选取你印象中最深刻的画，尝试说说它展示的是一个怎样的故事”“感受不同时期三毛的生活”等，让学生能够将自己的所感所悟通过文字或图像表达的方式展现出来，形成一份属于自己的研究报告，并以实践的方式对自己所学习的“微课程”有更深刻的文化体验和情感体验，更好地将爱国主义的理解内化于心与行动，达到行走学习的最终目的。

三、畅想乐平——百年传承，科技未来

这一阶段的学习，是本课程学习的“最高阶段”，学习对象也是小学高年级的学生。因此，在这一阶段课程实施策略的确定与具体的推进时，主要采用了整合式学习、社团学习、项目学习、留白学习和创客学习五种学习方式。

（一）整合式学习

在张乐平故居课程的研发与建设过程中，我校深入探索道德与法治、品德与社会与该课程进行学科融合，通过本课程内容的学习，教养学生的品行、品德、品格，并能科学有效地立足于个人生活与社会生活的联系，依据多元线索以综合主题形式构建、组织学习内容和学习活动。通过与其周围的自然环境、社会和他人的联系，从态度、能力、知识三个方面促进社会化发展。强调学习活动的实践性，通过体验、探究、解决问题等多种学习方式实施课程。

此外，我校还探索该课程与美术、劳动与技术等课程有效融合。例如与美术学科的融合，学校通过欣赏民族、民间和现代优秀美术作品，认识作品的特征、表现的多样性以及对社会生活的独特贡献，增强对自

然和生活的热爱及责任感，以提高美术学习的兴趣和弘扬中华民族精神；在与劳技学科的融合中，学生通过自己对老洋房名人故居的考查，充分发挥自己天马行空的想象，通过实践活动，实现探索创新，培养自身的动手能力，也为课程的“设计力”提供新的方向。

（二）社团学习

我校有很多特色少年宫社团，而“老洋房探踪”就是其中的一项具有品牌效应的特色项目。该社团从武康路的老洋房出发，带领学生以各种形式遍览散落于上海各处的洋房故事。在城市学校少年宫的展示活动中，“老洋房探踪组”还曾以一幅幅生动的照片，重现了《乌达克与上海》的不解情缘。这些优秀历史建筑本身，与这座城市一起生、一起长，更在历史长河中一起浮沉，它们理应被带入这个新时代，以更尊严、更美好的状态与更多新生事物产生互助联动，为这座城市创造无尽的活力。

在这样的背景下，我校将张乐平故居课程的实施与“老洋房探踪”社团活动的开展有机融合，使得原本就具有多元性、探究性、传承性和拓展性的“老洋房探踪”社团活动，在课程化的规范下，有了更为可靠的理论支撑和输出导向。学生在张乐平故居课程中所习得的知识，能够回馈于社团的活动当中，形成有效的互动机制，成为学生发展特长、内化能力的第二课堂。

（三）项目学习

在张乐平故居课程的实施中，我校还将这一课程的实施与学校每年的“老洋房科技节”相结合，借助主题文化节系列活动进行课程整合，把学科和节日有机融合在一起，既丰富了学生的课程学习内容，也给予了学生将自己的创想呈现在大家面前的舞台。

高年级的课程落实过程中，课程将更注重于把学生对名人故居的关注点引向建筑集群本身，除了关注“张乐平故居”在修缮过程中所遇到过的问题之外，还积极倡导学生发现更多老洋房名人故居建筑存在的问题，初步了解其修缮方法。

学校每年举办的“老洋房科技节”，都是学生展开项目化学习的一个重要平台。学生都会运用在课程中所获得的知识和技能来完成作品制作。成果的表现方式一般以班级为单位，学生们通过展示各自的研究成果，来呈现他们在课程学习中所获得的知识技能和感悟，这主要可分为两个阶段。

前期的准备阶段，学生通过对课程的学习，获得并形成自己对洋房结构、木结构、砖结构、砖木结构的认识和看法，指出“破旧的洋房”可能存在的危机，进一步提出可以有效改善老洋房名人故居现状的环保材料。

后期的“老洋房模型”制作过程中，学生从项目学习的设计理念出发，着力思考和研究模型制造的环保性和舒适性，为老洋房的新活力提出自己的思考、想法和建议。由此，学生从“老洋房名人故居课程”的学习出发，参与到“延展性的、复杂的、真实的问题解决中，接受挑战，主动探究”，并以自己动手制作出作品来“总结”课程知识的学习，成为真正意义上的课程的输出性成果。

（四）留白学习

“留白学习”是在张乐平故居课程的实施过程中，学校为引导和培养学生开展自主化、个性化、探究性学习所创设的一种“高级学习”的策略和方式。在学生对张乐平故居课程进行系统化的学习和专项性的成果输出较充分之后，本课程则为学生提供“留白学习”的空间，“给学生消化、吸收知识，发现问题、驰骋想象的广阔天地”，“给学生留下充分的自学时间，大胆地放手让学生自学”，从而调动学生的自主探究性和积极性。当然，在留白学习中，教师的前期指导是非常重要的，教师应先期适当给予学生一些“抓手”，例如：“根据自己的感受画一画心目中的张乐平爷爷”“深入探究作品背后的时代精神”等，仅仅指导学生探究“抓手”的重点，应当是不一而足、不具明确指向性的，应该让学生能够真正发现自身学习的潜力。

（五）创客学习

近年来，我校以修建创新实验室为契机，组织教师一边学习一边进行“METAS智能电子积木小创客”课程建设。这一课程的建设目的，不仅是学校创新性多元课程的进一步尝试，更是学校探索以创新学习为导向，让每个学生能够在各种不同的学习情境和学习过程中，学会团队合作的方法，感受团队合作的快乐，获得团队合作的经验，培养“开朗合群”的意识，并以此回应学校的培养目标。在张乐平故居课程的实施过程中，学校又继续探索将这一课程的特点与“电子积木小创客”文化相结合，用METAS电子积木组合而成的风车发电设施，为学生制作的整栋洋房模型提供电力保障，也使得洋房周围的设施纷纷拥有了动能，学生运用创新意识和创客技能所完成的作品，再度成为课程创客学习的动能。

课　程　评　价

在多元评价中细品乐平

根据课程特点，本课程遵循多元的评价原则和方法。在评价过程中，综合考查学生的认知水平、学习能力、专业技能、探究过程、团队合作等多方面表现。在评价主体上，采用自评和互评相结合的方式。一般针对学生在项目中每个活动的表现和收获以打星星的形式进行评价，学校还将课程成果与“雏鹰争章”活动相结合。

自评，是由任课教师根据课程要求，确定主题目标和评判方式，学生对自己的学习表现进行自我评价或小结。

互评，则是在同学或小组之间通过多种途径和方法进行相互评价，发现他人的优点和不足，并促使自己进行反思。这样的评价方式更为民主、公开、全面、合理。

通过自评与互评相结合的方式，对表现突出的学生进行相应的表彰和奖励。

一、过程性评价

课程的成果展现并不是一蹴而就的，因此，在课程的各个阶段都应该对学生在该阶段所获得的成绩和表现给予过程性评价。

在评价的方式上，“是在学习过程中发生的、学习者参与的、渐近的价值建构过程。”例如，在学校开展张乐平故居课程的过程中，由教师组织将学生在学习中的点滴成绩，以自评和互评的形式呈现出来。

在评价的内容设置上，学校根据课程开展阶段的不同，分为不同层次的评价点。例如，既可以设置“能说出不同的美术创作手法及其特点”“能说出三毛系列的漫画故事”“能用漫画的方式描绘人物特征，完成一幅张乐平爷爷的画像”等方法技能类评价点；又可以设置“参观场馆文明有序”“小组合作分工明确、团队协作”等德育类评价点。

此外，评价的结果还与学校的“雏鹰争章”活动相整合，让学生能够及时收获学习给予的“报酬”，以此让学生在学习的过程中，能够通过自己的智慧和努力，不断获得成功的体验、享受成功的愉悦，从而进一步激发他们的学习热情和探究精神。

二、表现性评价

我校的“老洋房名人故居课程”与“老洋房科技节”相融合，旨在引导学生从学习过的老洋房生态环境入手，将梦想中的老洋房搭建在模型当中。为了能够客观真实地对学生的科技成果做出有效评价，并以评价的手段让学生清晰地认识自己思维、技能、创造上的优势与不足。

在课程的成果评价上，我校创新设置了“表现性”的评价方式。“表现性评价是20世纪90年代在美国兴起的一种评价方式。其评价特点是，在实施评价时，要求学生演示、创造、制作或动手做某事，要求激发学生高水平的思维能力和解题技能，使用有意义的教学活动作为评价人物，唤起真实情景的运用”。

学校在张乐平故居课程实施中的学生评价标准设置上，充分考量学生在学习过程中表现出的学科技能与创新素养，从科学性、艺术性、节约性和创新性四个方面进行评价：

科学性的落脚点，主要在于学生的作品是否能够充分呈现出科技含量，学生是否充分利用新方法、新技术创作作品。

艺术性的评价，主要关注学生的作品在选题、设计、制作、美工上，是否有一定的艺术水平，能反映课程学习的成果，具有可视性强的特点，并有一定的收藏价值和保存价值。

节约性的考查标准，主要集中在作品是否能够充分利用废旧物品，制作与材料选用上要体现环保思想和意识。

创新性，则注重作品的立意是否具有想象力和创造性。这样的评价方式是对学生运用课程学习中所获得的知识解决新问题或创作新作品的评判，具有一定的指向性。

三、评选性评价

在“老洋房科技节”所蕴含的“表现性评价基础上”，学校还针对“老洋房名人故居课程”的内容，对学生完成的作品进行“评选性评价”。学生以班级为单位完成的作品依托“老洋房科技节”的平台开展评选，并将评选结果作为“表现突出的班级和个人”的依据，对其进行表彰。

评选性的评价机制，不仅活跃了学校的文化节氛围，更让学生在“老洋房名人故居课程”的学习成果评选的过程中，进一步提升自己对“老洋房名人故居”的鉴赏能力，形成良性的引导作用。

四、真实性评价

在学生逐步形成创新意识、创新素养的过程中，张乐平故居课程还探索使用“真实性评价”的方式，“以评代育、以评助教”，引导和培育学生的情境适应力。“真实性评价”兴起于美国20世纪八九十年代，是一种要求学生通过完成真实任务来展示对所学知识掌握情况以及对技能的意义运用能力的评价方式，它要求学生运用所学的知识和技能去完成真实世界或模拟真实世界中一件有意义的任务，用以考察学生解决问题、交流合作和批判性思维等多种复杂能力的发展状况。它集中关注学生的分析能力、综合所学知识的能力、与他人合作的能力以及书面或口头表达能力等。

为此，“老洋房名人故居课程”为学生创新打造了一个“真实的情境”。在学校的牵头下，湖南社区志愿者带领学生们走入洋房，从居住在老洋房中的爷爷奶奶们那里了解了老洋房的知识。历史铅华中的斑斓，在老者的娓娓道来间晕染了泛黄相片的颜色，而老洋房新生态的理念也给予了他们对于洋房未来生态模式的新展望。学生们在梧桐树影中描绘洋房的静谧，绿意葱茏的午后，他们参与的“老洋房畅想绘画”比赛，更是为幽静的武康路增添了一抹靓丽。同学们在现代、古典间漫步穿行，同济大学的专业讲座为老洋房投射了更多科技的元素，开启了同学们对改善老洋房的畅想。诸如此类的实践活动让学生对自己所掌握的知识有了展示的舞台，也无限接近于“真实的场景”。

执笔　杨佳艺

上海市位育初级中学

徜徉巴金故居，触摸大师灵魂

上海市位育初级中学，系联合国教科文俱乐部学校之一。学校坚持“团结、严谨、求实、进取”的校风，素有脚踏实地、注重教学质量的传统；近几年来，学校又提出了40个字的办学原则，即“面向全体，因材施教；注重基础，发展个性；合理负担，开发潜能；家校互促，教学相长；勇于探索，鼓励创新”，开设了30多个兴趣小组，有力地激发了学生的创造兴趣，培养了学生的实践能力，促进了学生个性的健康发展。为了更好地落实立德树人的育人目标，学校充分利用区域内老洋房名人故居的教育资源优势，研究编写了“巴金故居”课程，探索以学生自主学习、实践体验的研学方式，引导学生走进巴金故居，与大师“对话”，以此培育学生的爱国情怀，提升学生的综合素养。

巴金，原名李尧棠，一个蜚声海内外的中国作家、翻译家、社会活动家、无党派爱国民主人士，他的作品影响了几代人的理想和人生，是一位启迪先进思想的文学巨匠，被誉为“二十世纪中国文学的良心”。巴金故居坐落在徐汇区武康路113号，是一处承载着前人理想、鞭策着后人前进的地方，是千万读者心中的文学圣地。当孩子们徜徉在绿荫环绕、红砖木梯、铅华尽洗的巴金故居——这“天湖”上璀璨夺目的明珠，故居便与文学、历史、美术、信息一道，为孩子们开启了一场历史与现实、光荣与梦想、艺术与思想的完美演绎。在“物华”“人杰”兼具的巴金故居中，孩子们细细品味着岁月的年轮、深情仰慕着高远的情怀，将“隽雅”的种子悄悄灌溉。

资　源　地　图

记载着巴金与上海的渊源故事

位于徐汇区衡复风貌保护区内一栋在外观上受到了现代建筑风格影响的欧式独立式花园别墅，是一代文豪巴金先生在上海定居住的最长久的地方，也是千万读者心目中的文学圣地。2012年底，武康路113号作为巴金故居经修缮后向社会开放。许多巴金研究者、巴金的热心读者纷纷前往参观。

故居由一幢主楼、两座辅楼，以及一座花园组成，占地面积1400余平方米。主楼是别有风情的洋楼，建成于1923年，先是英国人的私家住宅；1948年，转让给苏联驻沪领事馆商务代表处变成办公用房；1955年9月，巴金一家迁居于此。如今楼内的客厅、餐厅、书房等均已按巴金生前的布置还原。正是在这里，巴金创作了被海内外思想界、知识界和文学界公认为“说真话的大书”——《随想录》以及《团圆》《创作回忆录》《往事与随想》等散文、小说和译作。可以说，在这幢花园洋房里，交织着巴金后半生的悲欢。

一楼可依次参观门厅、餐厅、客厅、临时展厅、“太阳间”、厨房。

巴金故居

门厅，正前面挂着一幅巴金开怀大笑的照片，另一面墙上，挂着著名画家黄永玉先生专门为巴金故居开馆而创作的水墨画——“你是谁”。画中，巴金在梅花簇拥中，紧锁双眉，静静地思考。客厅很宽敞，布置却朴实无华，尽显主人的低调谦和。临时展厅以介绍巴金著作以及夫人萧珊译作为主，同时陈列着巴金夫妇的家信、用过的物品等。20多平方米的“太阳间”由一楼走廊改造而成，冬天，阳光从玻璃门、窗户透进来，走廊便温暖如春。晚年时期的巴金就趴在靠窗台边的缝纫机上写作，“太阳间”成为巴金晚年最杰出作品的生产车间。

二楼是卧室与书房，卧室布置干净，书房中陈列着巴金收藏的许多书籍，虽然不能入内参观，但在门口也可以把房内看得清楚。三楼是巴金档案室，不对外开放。

在楼里参观完可以出来在花园里走走看看，花园里种满了各种植物，其中有不少是以前巴金亲手栽植的。

两个副楼一个是多媒体室，展示巴金的作品及人生故事；另一个是游客服务中心，可供游客邮寄明星片，盖章留念。

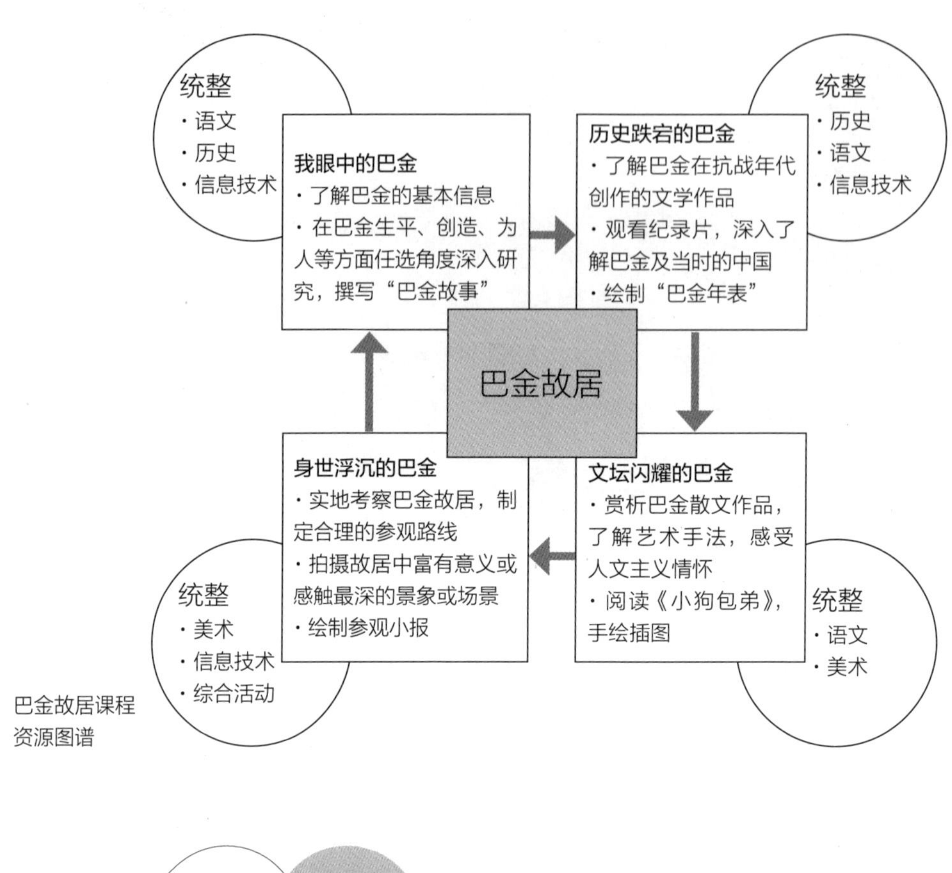

巴金故居课程资源图谱

课　程　赋　能

在寻访体验中感悟爱国情怀的抒发

美国人文学者刘易斯·芒福德曾经说过，“城市是靠记忆而存在的”。位育初级中学位于复兴中路1261号，地处集“人文、科技、艺术、教育”于一体的天湖学区，有着丰富而优质的教育资源。学区内众多的名人故居记录着这座城市的沧桑巨变，成为一首凝固的诗篇。位育初级中学结合自身特点，从中采撷一章——巴金故居，进行课程开发，实现学科整合，形式创新，意义深远。

一、走近大师，提升核心素养

在探访巴金故居的一系列活动中，学生近距离与大师“对话”，深切感受到潜移默化的教育作用。巴金，被誉为是“五四”新文化运动以来具有较强影响力的作家，是20世纪中国杰出的文学大师、中国当代文坛的巨匠。学生在阅读中，在文字里开始知晓巴金，但那是模糊的巴金。阅读经典著作不能仅仅停留在文字表面，而要深入文字背后，直达作者内心深处的思想情感。而在故居中陈列的大量展品和史料，以及巴金的文学作品都是中国现当代文学发展史上难得的史料和佐证。通过走访名人故居，能进一步拉近学生与历史的距离。

通过走访巴金故居，借助各项活动，学生各方面的能力得以锻炼、提升，大师的艺术之光、思想之光、人格之光必将照耀学生的成长之路。

二、品读大师，培植爱国思想

巴金故居处处呈现了巴金的内在精神，这对于青少年的德育有着十分积极的影响。在本课程的实施中，学生深入名人故居，品读大师，在反复的寻访、研学活动中，受到潜移默化的启迪和培育，坚定了自身的爱国热情和理想信念。

爱国主义是中华民族的光荣传统，是推动中国社会前进的巨大力量，是各族人民共同的精神支柱，是社会主义精神文明建设主旋律的重要组成部分，同时，也是培养“四有新人”的基本要求，是引导广大青少年树立正确理想、信念、人生观、价值观，促进中华民族振兴的一项重要工作。初中生正处在长身体、长知识的时期，也是思想品德的形成和发展的时期，更需要有积极正确的价值观和榜样的引导，作为他们积极向上的导向和标杆。文学巨匠巴金是一位海内外影响巨大的爱国作家，爱国主义是巴金文学的重要基础，就像鲁迅先生所称赞他的，“是一个有热情的、有进步思想的作家”。例如，在故居陈列的文学作品、家信中，无不体现着大师的爱国情怀。因此在故居中，每走一步就有可能触摸到巴金的脉搏，参观巴金故居，就是在感受和学习他的精神，尤其对于广大青少年，让他们在实践活动中体验、感悟、认同并发扬名人精神，有利于促进他们形成正确的世界观、人生观。

三、浸身故居，传承文化力量

参观名人故居，是缅怀、追忆、学习名人的一种形式；而名人故居又是一座历史和知识的宝库，参观名人故居的意义，更是远远超出参观建筑本身的意义。就拿巴金故居的“太阳间”来说，窗明几净，老木门上有岁月淡淡的痕迹，摆设俭朴得让人心生感动，这样的一个小屋子，简简单单，干干净净，却是充满温馨和美好的。学生仿佛可以看到巴金坐在轮椅上，沐浴着阳光，思索人生，仿佛可以看到巴金伏在缝纫机上潜心写作，即使到了晚年，他依然坚持创作，仍然坚持“要说真话，要做真事”的为人处世品格，这是多么的难能可贵！在这里，每走到一处都可以感受到心灵的震撼，这样的故居，传承的精神，传承的传统，传承着一代又一代人的希望，对于青少年来说，字面上的教育结合亲身的体验实践，才是真正的学习。

教育是一个灵魂唤醒诸多灵魂的行动。走访名人故居的意义，不仅在于观赏建筑本身，而在于体悟曾经居住过的人做过的事以及留下的精神财富。走进巴金故居，通过一系列沉淀着文化元素的物化对象，可以从中感受到巴金的生活历程，精神追求。对于青少年来说，这样的一种文化氛围是震撼人心的，巴金的崇高灵魂必将影响一代又一代的人。

学　习　目　标

培育爱国情感，提升审美情趣

当学生深入故居，走近巴金先生，触摸着故居内斑驳的木梯砖墙；品读着书本中真挚平易的华美篇章；置身于波谲云诡的历史动荡，会不由得被巴金跨越百年的美丽所打动。巴金之美在于“心”，锐意进取、百折不挠、心系人民；巴金之美在于“文”，镌刻时代、鼎足文坛、自我剖析；巴金之美在于“时”，顺时而为、中流击水、伫立潮头。为了让学生全方位地领略巴金的“美”，学校的巴金故居课程确立了以下三项学习目标：

01 通过走访巴金故居，使学生了解巴金生平，感悟巴金的思想与人格魅力。

02 通过以巴金一生为线索开展研学活动，使学生了解百年中国的发展及变化，增强爱国主义情操。

03 通过搜集资料、调查研究、阅读写作，提升学生的综合学习能力及合作交流的能力。

学　程　设　计

多方位实施培养综合素养

为了有效达成课程目标，在课程内容的设计上，学校综合考虑到学校的育人目标、学生的学习特点和故居的教育资源等多方面因素，将本课程的内容分为“历史跌宕的巴金”“文坛闪耀的巴金”“身世浮沉的巴金”“七彩画笔下的巴金”“我眼中的巴金”五个模块；在具体内容的设置上，本课程将基础型课程与拓展型课程（特别是语文、历史等基础学科）、课堂学习与校外实践、传统教学与新媒体教学、个人学习与小组研讨等创新授课模式融为一体。

模块一：历史跌宕的巴金

在历史课堂上，教师具体讲授巴金作为爱国民主人士在抗日战争期间在文字里开辟另一个战场。让学生了解文章、刊物，翻译反法西斯战争作品；学校组织学生观看巴金纪录片《记忆》，引导学生深入了解巴金及当时的中国。

课后，学生以大事记的形式梳理巴金一生的重要事件，完成绘制“巴金年表”的作业。

模块二：文坛闪耀的巴金

在语文课堂，教师引导学生阅读巴金的散文《繁星》，疏通字词，梳理情节。结合巴金的其他作品分析不同时间、不同地点巴金笔下的“星天”的差异。在品味好词佳句的同时，揣摩巴金情感的变化过程，学习品味散文主旨的方法，感受巴金的人文主义情怀。

课后，学生自主阅读《小狗包弟》，品味本文语言特点，探寻主旨，以读后感形式呈现。

模块三：身世浮沉的巴金

学校组织学生自主参观巴金故居。在校内指导学生分成小组，并分配好小组成员的具体任务。组内学生自主制定合理的参观路线图，并在参观时拍摄故居中富有意义或感触最深的景象或场景，做好相关记录。

参观完成后，各小组交流完成参观感受，学生自行设计参观小报。

模块四：七彩画笔下的巴金

在美术课堂上，教师指导学生欣赏欧式花园住宅的建筑美，描绘故居建筑小品，并运用各类美术技法在瓷盘上创作巴金故居画作。带领学生欣赏巴金藏书票，让学生了解藏书票，走进版画艺术。

课后，学生完成瓷盘上的巴金故居绘画创作和藏书票设计。

模块五：我眼中的巴金

各小组在语文老师的指导下，讨论确定“巴金故事”的写作角度，分配写作任务，列出写作提纲。各小组利用暑假完成写作任务，开学后交由语文教师审阅并按修改意见修改。利用语文课堂时间，各小组以班级为单位进行“巴金故事”主题演讲。

课　程　实　施
链接过去与现实的历史文学感悟

在课程实施过程中，“实施方式”关乎课程目标的落实与学生学习的有效性。因此，根据课程特点，特别是为了保障本课程五个模块的教学能够落到实处，教师需要认真学习并切实落实以下五个方面的实施要求。

一、搜索学习：探寻问题、聚焦问题的过程

在学习的过程中，人们常常通过“搜索”来获取与所要解决的问题相关的知识，然后寻求并获得解决问题的答案。在某种意义上看，学习即搜索，搜索即学习。基于此，在课程设置之时，富有特色的“课程地图”正是提供给学生“搜索学习”的搜索原点和搜索范式。与此同时，借由学校“电子阅览室”以及对巴金故居的实地走访参观，学生从多个层面搜索巴金故居陈列的生活物件、文学手稿、名人题字、房间陈设、多媒体展示等显性与隐性交织的信息，一方面加深了对于文坛巨匠巴金从感性到理性的认识，另一方面提升了搜索、分析、整合的信息利用能力。

知识是无止境、海量的，借助搜索，学生可以解决问题、丰富知识、扩展见识。因此，在本课程的实施过程中，作为重要学习方法的“搜索”贯穿学习始终，利用网络信息搜索、书籍信息搜索、实地信息搜索等多层面的搜索让学生及时解决困惑；同时，也是考验学生的搜索和筛选能力的有效途径。通过多层面的搜索，获得高效的学习途径。而此时教师最重要的作用，在于思考并设计如何帮助学生将搜索的信息进行有效整合，取其精华，最终为学习而服务。如果说信息搜索是一种学习的手段，那么，整合信息、提取信息、重组信息，则是直指学生学习能力的关键。例如，当学生完成对巴金生平事件的搜索后，则根据课程预设的标准在教师有针对性的指导下，筛选出其中的“大事”。

二、整合学习：让学习变得完整而有意义

整合，就是将不同的部分连接成一个整体或将不同的部分纳入到整体中。《基础教育课程改革纲要(试行)》在基础教育课程改革的具体目标中提出：“改变课程结构过于强调学科本位、科目过多和缺乏整合的现状……以适应不同地区和学生发展的需求。”在巴金故居课程的实施中，进行整合学习的原因之一，就是生活世界的整体性客观地要求课程设计和实施要把学生从单一的书本世界和封闭的知识体系中解放出来。本课

程的模块二与模块三，采用的就是“整合学习”的思想。因此，更需要了解“整合学习”的相关要求。

正如本课程模块二与模块三所设计的那样，其中既涉及语文学科内阅读、鉴赏与写作的整合，又涉及语文与美术学科间的整合。同时，又将学科知识与学生个性化的生活体验整合。在学习方式上，又体现出课堂学习、课后阅读与实地走访的整合。最终，使本课程呈现出多元化的实践世界。

在整合学习的实践过程中，教师更要关注设计与教学的策略。就像美国学者雅克布斯指出的那样，将整合学习分为六种不同的设计策略，要求教师在设计教学的时候可以根据学生的特点、学校的环境特征、社区的价值取向以及学习内容本身的特点，来选择不同的设计策略。

我校的巴金故居课程也借鉴了其中的设计策略，借助语文学科与历史学科本身的课程教学内容：语文学科关注巴金的文学成就与文学作品鉴赏性阅读，历史学科关注巴金生活的年代。我校的课程在实施的不同阶段一方面保持不同参与课程的学科自有的学科特性，另一方面，又兼顾跨学科整合设计，使得整个课程成为一个学习的连续体。

三、影视学习：让学习听得到、看得见

影视是通过画面和声音，在银幕上运动的时间和空间里塑造形象，再现和反映生活的一种艺术，其主要特点是直观性、逼真性、通俗性。这种声、色、光、影的完美融合，能极大地激发学生的学习欲望。用影视推进巴金故居课程的实施，学生不仅“听得到”，而且可以“看得见”，这样，有利于学生对知识的形象理解。影视中有丰富的表情、手势和其他的视觉线索，这些都能帮助学生理解特定的文化。所有这些超语言特征能够帮助学生看见他们不能听到的东西，这些东西对学习非常重要。

（1）影视的选用。教师需要根据学生的程度和需求来进行合理地选择。既要考虑到学生的兴趣，更要考虑到影片本身的内容是否适宜。

（2）观影前的准备活动。利用影视推进课程实施要做好观影前的准备活动。要让学生明确观影过程中的任务，即带着目的去观影，否则影

视教学可能就会仅仅起到娱乐的作用。

（3）播放方式的选择。影视学习并不是千篇一律地将一部影片拿来直接播放。教师需要根据不同的教学目的选择不同的播放方法，比如可以选择片段播放或全片播放。影视学习作为课程实施的一种方式，要避免长篇大论，力求短而精、小而美，每期时间不宜过长，要选择那些将自然美、人文美、时空美融为一体的优秀影视作品作为学习的素材。

本课程在“模块二”中，特别设置了要求学生观看巴金纪录片《记忆》，以深入了解巴金及当时的中国。纪录片展现了半个多世纪以来，巴金以自己的言论和艺术创作参与了中国现代文化建设。特别是在“文学的目的就是为了使人变得更好”的思想指导下，创作了一系列具有叛逆性格和奴性人格的艺术典型以“立人”，从“说真话”到“写真实”，一以贯之于他的全部人生经历和创作活动中，他多次强调他的写作如同生活，作品的最高境界是写作同生活的一致、是作家同人的一致，主要的意思是不说谎。同时，巴金还贡献了以“两个一致”的典型化方法和“比较像活人”的性格真实的现实主义美学理论；追求真实，在《随想录》中一遍遍虔诚而痛苦地忏悔，剖析自己的灵魂，猛烈地批判封建伦理道德、深挖国人灵魂中的奴性，以人格的魅力参与现代伦理文化的建设。他所提供的带有强烈主观性、抒情性的中、长篇小说，与茅盾、老舍的客观性、写实性的中、长篇小说一起，构成了现代文学第二个十年中、长篇小说的艺术高峰，而巴金小说所创造的“青年世界”是30年代艺术画廊中最具有吸引力的一部分，巴金也因此为扩大现代文学的影响做出了不可替代的卓越贡献。

因此，在观看这一环节中，教师首先要事先观看，将有教学价值的片段先做好“批注”；在学生观看前，教师根据自己先期的准备，指导学生做好笔记，也可以布置若干问题，让学生带着问题去观看，以达到较好的观影学习效果。

四、行走学习：让孩子们与世界站在一起

古人云：读万卷书，行万里路。在行走中，不期而遇的人、事、景都将化作自己的成长经历。教育的目的是教会学生过有意义的生活，因

此，不能仅局限在课堂上和书本里，要让学生接触更为广阔而真实的世界，学生只有在真正的生活中，才能感悟生活的意义，才能学会过有意义的生活。

为此，2016年教育部等11个部门联合出台了《关于推进中小学生研学旅行的意见》，对小学、初中、高中年级的学生提出了不同水平的研学实践教育要求。研学旅行有益于学生增长知识、了解民俗、体验人文，被人们称为“会行走的教室”。本课程在实施策略的思考与设计上，以此为导向，坚持从学生视角出发，采取“我知道、我行走、我感悟”等板块设计，特别是在“模块四”的学习过程中，启发和引导学生在参观前充分利用搜集的资料，认真做好参观计划；要求学生在拍摄资料性照片时，能够传达巴金先生的精神特质、生活状况等，切忌信手拍摄，漫无目的；在参观时，提醒学生随手记录有价值的信息，避免“眼下了了，心下匆匆”的走马观花式的“漫游”；而学生参观后的“感受”，则更要重在感悟，避免将故居内的介绍全盘照搬，这样也能够为“模块五”的选题打下良好的基础。

五、项目学习：把真实项目作为学习的驱动力

项目学习就是对一个特殊的将被完成的有限任务在一定时间内，满足一系列特定目标的多项相关工作的学习掌握。项目学习所有项目都是真实的。每个项目都是独立的，学生参与到延展性的、复杂的、真实的问题解决中，接受挑战，主动探究，创造出某件作品并完成重要知识的学习。

作为学校巴金故居课程实施的一种方法，项目学习的操作程序分为选定项目、制订计划、活动探究、作品制作、成果交流和活动评价六个步骤：

（1）项目的选择很重要，它应该由学生根据自己的兴趣来选择，教师在此过程中只能作为指导者的角色。

（2）有学习时间的详细安排和活动计划。时间安排是学生对项目学习所需的时间做一个总体规划，做出一个详细的时间流程安排。活动计划是指对基于项目的学习中所涉及的活动预先进行计划，如采访哪些专家，人员的具体分工，从什么地方获取资料等。

（3）活动探究是基于项目的学习主体，学生大部分知识内容的获得和技能、技巧的掌握都是在此过程中完成。

（4）在作品制作过程中，学生运用在学习过程中所获得的知识和技能来完成制作任务。

（5）学习小组通过展示他们的研究成果，来表达他们在项目学习中所获得的知识和所掌握的技能。

（6）基于项目的学习评价要求由专家、学者、老师、同伴以及学习者自己共同来完成。它不但要求对结果进行评价，同时，也强调对学习过程进行评价，真正做到了定量评价和定性评价、形成性评价和终结性评价、对个人的评价和对小组的评价、自我评价和他人评价之间的良好结合。

在巴金故居课程的实施中，其重要的一环就是小组协作完成个性化的“巴金故事”。根据“项目学习”的具体步骤，小组成员的“选题”是最关键的一环，教师一定要鼓励学生从不同角度出发，遵循大胆猜想，小心求证，避免人云亦云“选题”的原则。在项目分组时教师可以先集体征集“选题”，再根据“选题”一致性原则进行分组，从而形成小组成员的正向合力。在提纲撰写及初稿形成之后，需要教师利用充分的时间，进行小组个性化指导，以确保每个小组的成果既卓尔不群，又经得起推敲。

课　程　评　价

多元评价提升教育实效

对于综合实践活动课程的评价，应该突出真实性和反馈性。真实性主要指评价环境和评价任务要尽可能接近现实，以便能清晰了解学生将所学的知识和技能用于实际的真实表现；反馈性主要是指在评价过程中要给学生提供获取和利用可了解自己表现的各种机会，从而能不断地根据评价目标对自我表现进行自我评价和自我调整。围绕本课程的目标、内容以及实施过程，为了更好地实现课程评价的有效性，我校采用了以下四种评价方式。

一、展示性评价

展示性评价是一种真实的课程评价方法，更是一种有意义的课程实施方式，可以采取小组展示形式，也可以采取个人展示形式，还可以采取“小组秀+个人秀”的方式进行。“走访巴金故居”综合实践活动的设计中，要求学生以小组为单位，以时间（1904—2005）为线索，图文并茂，制作小报（大事年表）。那么在实践活动结束以后，教师在活动总结课中让学生以小组的形式展示，利用多媒体展示小报并且选组员进行解说，并且让小组成员向大家分享自己的活动体会。这样的展示性评价是对学生的一种肯定和激励，满足学生的个性发展需要，培养学生的主体能力。苏联教育学家苏霍姆林斯基说：“在人的心灵深处都有一种根深蒂固的需要，那就是希望自己是一个发现者、研究者、探究者。”评价的根本目的在于促进和激励每一位学生的发展。

二、过程性评价

过程性评价关注教学活动中学生智能发展的过程性结果，及时地对学生的学习质量水平做出判断，肯定成绩，找出问题。“走访巴金故居”综合实践活动评价的内容，根据课程的不同模块，我们设计了相应的评价量表，每张量表都设有五个等级（优秀、良好、合格、需努力、未完成），23项具体评价标准对每一位学生进行客观合理的评价。此外，就评价者而言，打破了教师在评价中的“一言堂”，将“自评”“互评”与“教师评”相结合。在学习的过程中，小组成员明确分工、团结协作，并且对自己的表现和同学的表现进行评价，让每一个学生都拥有自己的优势智力领域。学生在自我批评、自我促进、他人的评价中不断自省和发展。家长评价、教师评价相结合方式，使得评价更客观、更真实。

三、评选性评价

评选性评价可以较好地活跃校园文化生活，展示学校教育特色，激发学生的兴趣爱好，培养学生对自然美、社会美、艺术美、创造美的认识和鉴赏能力，为学生搭建一个展示才华的舞台。“走访巴金故居”综合实践活动之后学校选取优秀的作业进行评选，优秀的小组进行表扬，将作业和小组名单在全年级展示，并且设立“最佳材料搜集奖”“最佳团队合作奖”“最佳编辑奖”等。采用评选性评价，一方面可以在评价过程中找出学生知识学习和能力的不足；另一方面可以引发教师教学方法和内容上不断调整和提升。

随着互联网的发展，我们已经进入“微”时代，很多的信息都可以从互联网上获得，有些时候，学生们更为在意从互联网上的获得感。因此，我们在活动中，将学生的一些作品发到微信平台中去，请学生和家长们在网络平台上进行评价。教师不仅可以清楚地看到票数及“点赞数”，还能及时了解学生们的心理和思想动向，并通过及时“点赞”、评论等形式获得学生及其家庭的配合。

四、赛事性评价

参加比赛是一种有效的课程实施和评价方式，“走访巴金故居”综合实践活动结束后，对巴金的作品、主题思想、大事记、以知识竞赛的方式对参加活动的同学进行检验，最后，再选拔出优秀的班级和个人。这种竞赛性评价方法可以激发学生对活动与学习的动力，丰富和充实学生的学习内容，增强班集体的凝聚性。

本课程的评价着眼于六点：学生在活动中的合作态度和参与度；学生能够在活动中主动地发现问题和探究问题；学生能够积极地为解决问题去搜索信息和整理资料；学生能够占有课内外资料并形成自己的假设或观点；学生对知识和能力综合运用的表现；学生对学习成果的展示和交流。师生在具体评价时，以此评价结构为参照，力求使评价成为激发学生参与活动的兴趣和调动其学习积极性的重要手段，同时成为学生认识自我、认识他人的过程；还能够增进学生与学生之间、学生与家长之间的交流沟通，从而使学生在自我的评价中反思，他人的评价中提高，不断修正自己、丰富自己。

执笔　方澔　黄琼　陈霞

上海市徐汇区高安路第一小学

一栋可以阅读的老洋房——宋庆龄故居

名人故居是城市文化血脉和文化基因的重要载体。高安路第一小学开发的“我入团了”成长课程，带领一年级新生走进宋庆龄故居，将故居作为教育活动场所，依托项目化运作方式，整合道德与法治、数学、语文、探究、美术等学科，让学生在实地考察、资料收集、小组讨论等环节中，感受自主学习、探究学习的乐趣，同时使自己的各种能力得到良好的锻炼。这不仅仅是一场爱国主义教育，更是一种关于行为规范、知识探索、价值观念等多方面要素的动态立体教育方式。

名人故居，是一个城市沿进的足迹，它既是城市建筑艺术和文化发展的印证，更是一个国家和城市的发展历史和文化承载的重要标志。带学生走访名人故居，是一种以亲历考察为形式的教育活动，考察名人故居的价值不仅仅是“摅怀旧之蓄念，发思古之幽情”，给“逝者如斯”之叹略作一些补偿，它们更是一隅供人们精神追忆的历史空间，是城市独特文化血脉和文化基因的重要载体。

宋庆龄故居地处徐汇区衡复风貌保护区，是一处充满传奇故事、焕发勃勃生机的“老洋房”。坐落在上海市中心老洋房最集中的区域，“宋庆龄故居”留给后人的不仅仅是作为现代城市发展中的一幢普通西式住宅，因伟人宋庆龄的居住和工作，而赋予了它丰厚的人文与教育资源，印刻着这座城市发展中的历史、人文，是一座城市发展的鲜明地标，是一座不可多得的“城市人文博物馆”、一个不可替代的青少年校外教育课堂。在深入开发老洋房教育资源的过程中，高安路第一小学充分意识到了场馆资源的重要性，而宋庆龄故居最适合成为弘扬民族精神和时代精神的重要课堂，成为开展生命教育的理想场所，学校期望通过设计考察课程，让那段历史成为孩子们心中永恒的记忆。

宋庆龄故居是一幢红瓦白墙的小洋房，位于淮海中路1843号，是宋庆龄长期生活的地方和从事国务活动的重要场所。作为一处“全国爱国主义教育示范基地”，为了让学生们从宋庆龄的人生故事中，对我们

宋庆龄故居

国家的历史和发展有更深入的了解，对我们现在来之不易的生活有更深刻的认识，毋庸置疑，宋庆龄故居是众多入队活动地点中的一处最佳场所。故居不仅承载了宋庆龄女士大半生振兴中华、慈爱天下的伟业和热情，更为后人的学习和传承留下了丰富的史迹和资料，是青少年儿童开展爱国主义、共产主义教育的优质研学实践场所。

高安路第一小学地处衡复风貌保护区，不仅毗邻徐家汇公园、衡山公园，风景如画；而且周边有着宋庆龄故居等多处名人故居和学习场馆，蕴藏着丰富的历史文化学习资源。得天独厚的校外教育资源为高安路第一小学的爱国主义、共产主义教育创设了良好的校外研学实践平台，因此学校每个学期都会组织各个年级的学生走进天湖社区，开展不同主题的考察活动，来开拓学生的视野，丰富学生的学习经历。学校与宋庆龄故居单位保持着长期的教育合作，特别是充分利用故居教育资源，研究开发了“一活动一课程”，成了学校德育的品牌项目。

一是“入团仪式”。加入共产主义儿童团是小学生入学后最光荣的时刻，高安路第一小学针对一年级学生最重要的德育点，充分利用宋庆龄故居的“全国爱国主义教育示范基地”资源，精心研究设置了“我入团了”活动课程。这一课程依托项目化的学习方式，力图抓住每一次社会体验的机会，让儿童团员、少先队员在学习中有收获、有感悟、有自己的思考，培养孩子们增强感恩意识，初步树立正确的成长观、家庭观、国家观。

二是“研学课程”。学校开发设计了宋庆龄故居考察课程。这一课程旨在顺应学生自主意识增强的客观规律，通过设置成长任务来激发学生自主成长的内驱力，帮助学生树立正确的价值观、坚定信念、初步确定自己的发展目标，为下一阶段的学习生活打下良好的基础。

资　源　地　图

筑魂中华，心系儿童

宋庆龄生前对上海怀有深厚的感情，她一生中大部分时间是在上海度过的。解放后，因工作关系，宋庆龄经常往来于北京与上海之间。用她自己的话说，去北京是“上班”，到上海是“回家”。

故居的主楼建于1920年，最早的主人是位外籍船主，或许为了纪念自己劈波斩浪的航运生涯，他把住宅设计成了船型模样。绿色的木百叶窗上刻有小巧精致的帆船、铁锚，屋顶的烟囱上还有小鱼图案的风向标，远远望去，小楼宛如停泊在绿波中的一艘轮船。故居一楼有会客厅和餐厅。会客厅是宋庆龄会见党和国家领导人以及各国贵宾的主要场所。二楼是宋庆龄的卧室和办公室。展厅内陈列了许多宋庆龄和她亲人的照片、往来信件，以及曾经使用过的衣服、物品等。主楼前后是花木茂盛的花园，四周围绕着30多株百年香樟，葱茏苍翠，四季常青。主楼室内布置朴素典雅，花园环境优雅宁静。宋庆龄在这里居住的时候，每年都要邀请中国福利会的孩子来家里做客、游戏。

宋庆龄，伟大的爱国主义、民主主义、国际主义和共产主义战士，举世闻名的20世纪的伟大女性，她把自己深沉的爱都投注到了儿童教育事业中，她是千千万万孩子们的“母亲”。宋庆龄说过，“爱孩子，是每个善良人的天性，但教育儿童是国家赋予我们的责任。我们要耐心细致地教育他们，让他们在生命的最初几年就形成正确的观念、行为和性格基础，并学会如何生活和工作。”宋庆龄在少年儿童工作中勾勒出了一

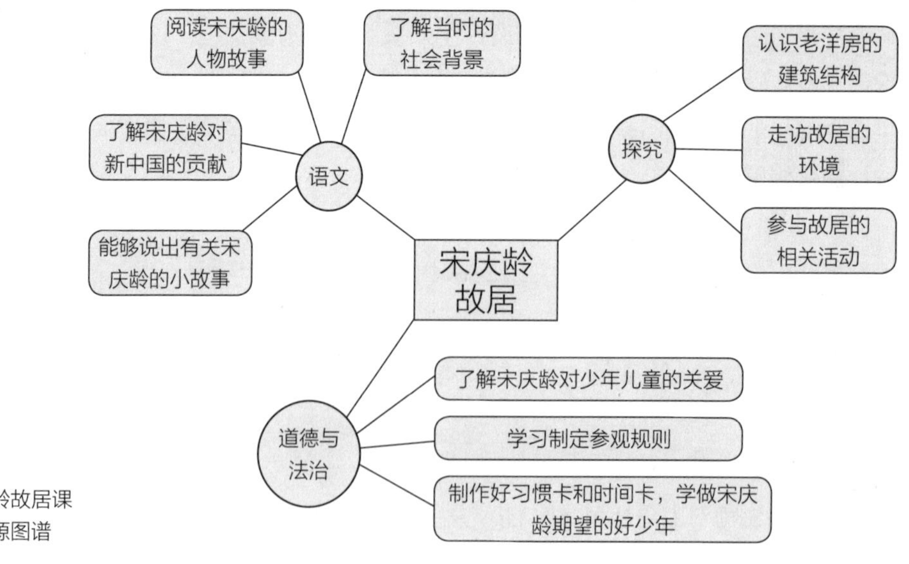

宋庆龄故居课程资源图谱

幅又一幅蓝图。她先后创办了中国第一个妇幼保健院、第一座少年宫、第一座儿童艺术馆、第一座儿童剧场、新中国第一本儿童刊物。她说，“我的一生是同少年儿童工作联系在一起的”。

课 程 赋 能

留存一段历史的记忆

在将“参观场馆”建设为“教育场所”的过程中，学校面临的最大问题是故居虽然保存着丰富的宋庆龄生平史料，但缺乏“教育系列性建设”，即若是缺乏系统的考察课程，参观者前期没有对宋庆龄生平有更深入的探索，就不会明白她对于新中国少年儿童健康成长的重要意义，更不会怀揣尊敬和缅怀之情参观故居。再光辉的故事也会被转头忘掉，考察的过程也就成为一次走马观花的到此一游，很难说清考察真正的意义。如何探索研发宋庆龄故居课程成为学校故居教育资源开发的首要课题，学校经过深入探索和研究，立足于学校育人目标和学生发展的特点，编制了《宋庆龄故居课程方案》，并按照这套方案的周密设计，带领学生走出校园，走进这栋可以阅读的小洋房，近距离接触到先贤的生平故事，让学生们去聆听宋庆龄的一个个传奇故事，亲眼看看宋庆龄当年工作和生活的状态，感知她为中国少年儿童的文化、教育和福利事业做出的贡献。

课程编得再好，也要靠科学扎实的执行，即以课程为论据，真正在学生们的脑海里留存一段历史的记忆。因此，本课程在学习设计上，花了很多的时间，立足于学生的主动性学习、探究性学习和体验式学习，采纳了搜索学习、行走学习、整合学习、探究学习和现场学习等方式，将课程从校内延伸至校外，从课堂延伸至场馆，利用各种资源丰富学生的认知，立体地建构了全新的课程体系。故居考察课程目前已成为一门系统的课程，学生们不仅了解到宋庆龄的生平故事，感受到其独特的人格魅力，还能对历史产生继续探究的欲望。在此基础上，当学生走进宋庆龄当时生活的地方，身临其境地感受历史，与现实神奇地链接起来，他们会获得更强烈的感受与心理共振。

学校的宋庆龄故居课程不仅让学生乐学在其中、成长在其中；而且将故居变成一栋可以阅读的建筑，一种类似“活态博物馆”的富有活力的公共文化空间，一个具有多重意义的城市文化地标。

学　习　目　标

向伟人致敬 善学 乐学

一年级新生踏入小学，迈出了他们“学习生涯”的第一步，但无论是从心理上还是行为上，他们都对小学生活存在着诸多的不适应，行为习惯也尚未养成。针对小学生起步阶段的这些突出问题，学校充分利用宋庆龄故居的教育资源，探索自主式、探访式、体验式的学习方式，研究编制了本课程。其课程目的是通过参观故居，实地走访宋奶奶生活和工作过的地方，让孩子们可以进一步感受她的人格魅力，从而激发内在认知冲突，产生自我改变的需求，懂得良好学习习惯养成的重要性。学校通过这一课程的实施，组织学生以不同形式的调查和研学形式，了解、知晓一些宋庆龄关爱儿童事业的事例，感受她对少年儿童的关爱，进而增强作为一个社会人的公共道德感、社会责任感等，并且在不断的生活实践中，逐步内化为自己的言行。据此，确定本课程设计及其目标。

01 学生们通过资料收集和交流，了解、知晓宋庆龄关爱国家儿童事业的一些事例，感知宋庆龄爱国、爱党、关爱儿童的高尚情怀。

02 学生们在参观故居活动中，进一步通过了解宋庆龄的事迹，感受她的人格魅力，激发爱党爱国爱人民之情。

03 整合道德与法治、数学、语文、探究、美术等学科开展综合实践教育活动，积极启迪和引导学生们懂得良好习惯的重要性，明白只有努力学习，才能不辜负党和人民的期望。

学　程　设　计

渐渐走近可亲的奶奶

本课程的实施进程主要围绕“初识宋奶奶”“走近宋奶奶”“感恩宋奶奶”三个模块展开。通过走进故居，开展与宋奶奶“执手聊天”式的研学方式，引发学生对课程学习的兴趣和思考；通过学科整合，可以让学生们学以致用，将学习成果与基础课程学习内容相结合，将学习感悟与自身行为表现相结合，真正达成课程设置的初衷。

一、初识宋奶奶

这一模块的设置，主要是让学生们通过不同形式的资料收集和交流活动，了解宋庆龄奶奶的生平故事，进一步全面认识宋庆龄奶奶，了解她在国家儿童事业上的杰出贡献。

二、走近宋奶奶

这一模块的设置，主要是让学生们在了解人物生平的基础上，以参观宋庆龄奶奶的故居为契机，通过自己游览观看、听讲解员介绍等活动，进一步了解宋奶奶为中国少年儿童的文化、教育和福利事业做出的贡献，与学生们之前收集的资料产生联结。

三、感恩宋奶奶

这一模块的设置，将校本的故居课程与国家基础课程相结合，让学生们尝试制作“时间卡”和“好习惯卡”，将自己的感受和对宋奶奶的敬意化作行动，明确现阶段只有养成良好的学习习惯，努力学习，才能报答国家和人民对自己的关爱。

课 程 实 施

耳闻目睹，静思远足

在本课程的实施阶段，学校和教师在课程学习内容既定的情况下，更多地关注学生的学习形式研发与设置，学校致力于为学生们营造更为广阔的学习空间，从校园扩展到社会、从课堂上延伸到生活中的点点滴滴，特别是本课程学习方式的“立体设计”，是学校基于本校学生学习特点教学设计的新探索和新尝试，即让学生在走一走、看一看、听一听、尝一尝中观察、体会、发现、比较，通过耳闻目睹、静思远足，最终实现认知的升华和技能的提升。

在一系列活动教学中，关注学生的学习经历，引导学生通过实践产生学习的兴趣，习得探索和学习的方法，增强民族文化和地区文化认同感、自豪感，帮学生初步具备学习者的一些基本素养。归纳本课程的学习设计，主要采纳了自主学习、场馆学习、行走学习、混合学习、任务学习和分享学习六种学习方式。

一、自主学习

有道是“受人以鱼不如授人以渔”，让学生学会自主学习是学校教育的重要任务。当人们的认知出现盲点的时候，当下的首要反应就是“自己去寻找答案”。通过不同途径的搜索，学生获取丰富的解决问题所必备的知识和多种解决问题的方法，建立事物之间的相关联系，从而最终确定解决问题的最佳方法。这是一种自主学习的形式，宋庆龄故居课程的实施，离不开学生的自主学习。

例如，“你听说过宋庆龄吗?”项目式的问题导入，一下子激发了低年龄段儿童的求知欲。一年级小朋友大多都知道中福会少年宫，基本都去中福会少年宫参加过各项活动，但是，他们很少知道和了解中福会少年宫的创办人——宋庆龄。搜索学习，既是对学生现有知识的一种唤醒、拓展和延伸，也是对学生学习兴趣的一种唤醒。在教师或媒体的启发下，学生在记忆系统中“寻找”与“宋庆龄”有关的信息。通过学生自己的回忆和教师的相关资源补充，宋庆龄幼儿园、宋庆龄基金会、宋庆龄故居等与宋庆龄有关的建筑和活动一一呈现，学生对这位有着亲切笑容的“宋奶奶”形成一种简要的初步认知，并由此产生进一步探究的兴趣。接着，学生就可以运用他们喜欢的形式收集各类与“宋庆龄”有关的信息。通过资料的收集和交流，学生们可以找到更多故事、图片、新闻等资料，对于宋庆龄的了解不再拘泥于建筑或是活动，对宋庆龄的生平以及她对新中国少年儿童事业的突出贡献会有更为立体的认知，宋庆龄的人物形象在学生们的认知中渐渐丰满起来。通过不同形式的自主学习，学生们在各自找到的资料中获取更多知识，也就产生了信息交流和分享的欲望。

二、场馆学习

近年来，场馆学习成为学校教育之外的一个新型的学习领域。场馆学习从本质上说，是一种非正式的学习，不仅能让学生获得更多知识，同时也能帮助学生通过这类“不一样的学习”，提升兴趣、端正态度、形成观念。通过开放式、情景式、互动式的场馆学习，学生从个体的认知发展和原有的知识结构出发，与场馆里的展品、讲解的故事、动态的媒介进行互动，使学生个人的知识结构得到提升性、拓展性、整合性的重建，并收获到前所未有的经验。场馆学习与学校教育紧密结合，既弥补了学校教育的空间限制，又让场馆教育扩大了范围，延伸到了更广泛的学生群体和由学生群体辐射到的家庭群体。

小学阶段的儿童认知结构中已经有了抽象概念，他们能从多角度对事物进行归类，具备初步的逻辑推理的基础和能力。因此，在本课程的实施中，学校通过场馆学习的方式，在讲解员的解释和引导下，学生就能看懂展览。例如，故居内部陈设保留了宋庆龄生活和工作的原样、楼下门厅墙上挂着徐悲鸿赠送的“奔马”国画、客厅背面墙上挂着孙中山先生的遗像、南面墙上挂着毛泽东主席1961年来此看望她时的留影、客厅西面的餐厅里陈放着她个人生活经历中的重要纪念品和各国友人赠送的珍贵礼品、书房中收藏着孙中山先生演讲的珍贵录音唱片和孙中山亲笔题字的遗著，二楼卧室存放着一架钢琴、摆放着孙中山18岁时的照片、孙中山逝世前一年与宋庆龄的合影、办公室书桌上放着她生前使用过的文具用品，楼下车库里还停放着斯大林赠送的一辆“吉姆”牌轿车，等等。每一件展品都讲述着一个故事，留存着一段历史。有了前期的搜索学习，学生们对宋庆龄的人物形象有了一定的了解，相关的故事也听了不少，再通过实地走访，看一看展品，听一听故事，跟着历史的脚步回到宋庆龄生活的年代，这些都是故居场馆能够提供给参观者的独有的特殊体验。

二、行走学习

行走也是一种学习。读书是静态的学习，行路是动态的学习。书中知识有限，只有行路眼观耳识才能补其不足；而“读万卷书”之后，只有“行万里路”，亲自走出去看一看，才能丰富学生的学习经历，增强体验、加深理解，使自己的所学能在生活中体现。正是基于这样的教学理念，学校在本课程的实施中，探索使教育的形式更为丰富多彩，让教育的途径更为开阔多元，尊重每一个孩子的学习风格，设置了“行走学习”这一学习方式，通过这一学习体验式的学习方式，让孩子们从故居中领略“浓缩的历史”。在课程进入场馆学习阶段后，就需要行走学习来做支撑，让学习更具实效性。先期在收集整理宋庆龄的相关资料时，学生们已经梳理了人物生平的重要阶段和代表事项。教师事前实地考察，先期参观宋庆龄故居，根据一年级学生的年龄特点，甄选一些造型别致或是有着特殊价值的展品或有特定意义的地点拍摄照片，设定一系列的任务，并且制作考察手册，用“任务打卡”的形式串起整个参观过程，把被动的参观过程变成主动的寻宝过程，就能在更大程度上激发学生的参观兴趣，让学生产生学习内驱力。任务单中包含“宋庆龄的塑像”“宋庆龄故居中的香樟树”等学生参观打卡的必到项目，也有“记住宋庆龄故居中的两件‘宝’和一个故事”这样的任务。“故居寻宝之旅”活动分成两个部分，首先教师带领学生集体参观故居内部，然后分组散开参观故居外围。通过一件展品、一个小故事的参观讲解，以及带着任务去搜寻考察手册中的相关地点等活动，学生在故居中身临其境，与展品近距离接触，定向寻访与宋庆龄奶奶相关的地点。

这样的任务设置，积极引导学生在行走中观察、寻找、询问、记录，让单一的参观化身为立体的考察，让教育的内涵更加丰富，教育的形式更为多样，教育的效果也随之提升。

四、混合学习

混合学习，就是把学习从课堂内延伸至课堂外，打破实践和空间的限定，让学习无处不在，让思绪在多维学习中飞越。在此基础上，跨学科的混合学习，不仅可以丰富学生学识，培养学生的动手能力，发展学生的创新能力，陶冶学生的情操，还可以帮助学生全面发展，循序渐进地促进学生全面人格的形成。

因此，要让课程真正落地，除了要考虑学生的学习过程，还要考虑最终学习成果的展示，同时，更要考虑学生承担的学习任务，不加重学生的学习负担。所以，本课程尝试将不同的部分纳入到整体中，通过合适的方式呈现出来。学科整合学习，就能很好地解决这个问题。因此，在本课程的第三阶段，学校设计安排采用的是整合学习，包括学科内的整合和学科间的整合，很好地将学科、学习生活与学习方式进行整合。例如，课程结合道德与法治，开展“不做‘小拖拉’”和“不做‘小马虎’”这两课的学习，让学生明白养成良好的学习习惯，才能报答党和国家的培养。学生还可以借助数学课的学习学会规划时间，借助语文课的学习学会撰写时间规划，借助美术课的学习学会制作时间卡和习惯卡，使得课程在最后的实施阶段既保持学科特性，又具备生活性和实用性两大特点，进一步提升课程整合的价值。

实践证明，给予学生更多自由学习的时间和空间，他们的责任感和学习效率反而得到了提升。

五、任务学习

思想引领和行为训练是行规教育的两个重要机制，在日常的行规教育中，学校应当将这两种机制有效的相互支撑、相互协作，思想引领最终要落实和表现在行为上，脱离了思想引领的行为训练也是机械无意义的。

学校重视社会公共规范教育，尝试运用校外教育资源，促进学生在社会大课堂中实践道德规范。社会公共规范“学生的行为表现”包括：

尊重国旗、国徽，升降国旗时行礼规范；爱护公物，保护环境；遵守交通法规和公共秩序。宋庆龄故居是上海市重点文物保护单位，是一个安静肃穆的地方，但是考察活动不得不“动”起来。这一张一弛的“度”该如何把握呢?“文明参观”是考察前必须让每个学生知晓的基本规则。本课程实施前，教师组织学生分组讨论并制定了相应的具体参观规则。

参观前，每位学生都要认真倾听，明确活动要求，排好队伍，跟着讲解员文明有序地参观。参观时，要有序参观各个场馆，在指定的范围内分散进行小组活动，遇到困难的小组要及时求助，努力维持场馆内的文明秩序。同时，学校还对教师提出了要求，希望教师能特别关注学生“规则意识”的培养，文明有序地参观展品，前后不拥挤；听讲解员介绍时不随意打断、不大声讨论等。

通过实施发现，学生一般都能自觉遵守，一旦有学生犯了错，在同学的相互提醒下，也往往能即时自省改正。这样的规则制定，化被动牵引为主动学习，保障了课程的有效实施。

六、分享学习

分享学习，是一种通过搭建平台，提供学生一个展示的舞台，将其学习成果分享交流，学生之间的学习互动促进了思维的交流和碰撞，让学习产生共振，让学习突破界限的学习方法。

信息的收集和整理需要一个过程，信息的交流需要一个平台。课程实施对象是一年级的学生，从年龄特点来看，学生还不具备一定的信息筛选和整理能力，所以，这一课程是以初级的大信息量收集为主。当学生完成资料收集任务后，教师引导学生共同建立一个交流的平台，帮助学生用好、用足收集到的信息，让大家畅所欲言，在交流的过程中感受宋庆龄的人格魅力。在此基础上，教师还可以导读宋庆龄写给所有小朋友的一封信《愿小树苗健康成长》，感受宋庆龄对少年儿童的期望。

分享学习还包括成果展示及评价两部分内容。学生对宋庆龄故居进行系统化的学习后，下一步就是专项的学习成果输出，课程还需要给学生搭建成果展示的平台，让学生通过时间卡和习惯卡的展示，大胆交流和分享，将自己的创意和想法呈现在同学面前，把学习收获转化为习惯的培养。同时，学生还需要对自己的学习经历进行全面评价，将之列入入团争章的项目中，为入团课程的开启打下扎实的基础。

课程还为学生设置了借助影视学习的方式，扩充学习内容，例如，让学生了解宋庆龄基金会的作用，就能更好地体会宋庆龄对少年儿童的关怀与呵护，激发学生关爱他人的优秀品质，从而加快对课程学习进程的推进。

课　程　评　价

评价优先，提升素养

课程最根本的衡量标准是学生的学习效果，如果学生能通过课程快速地掌握知识，形成一定的学习能力，收获一定的学习体会，这门课程就是好课程，而检验课程是否有效，则需要多元的评价。本课程以综合性评价为主导，主要通过综合性评价、过程性评价、表现性评价和真实性评价，对学生整体的课程学习进行系统评价。

一、综合性评价

综合性评价，评价实施的关键是要求教师用发展的眼光看待每一个学生，核心是重视过程的总体评价。多种形式结合的评价方式、评价手段，既反映了学生全程学习的结果，又成为促进学生发展的有效手段。为了更好地实现本课程评价的有效性，围绕目标、内容和实施过程，本课程从学习水平、任务难度、组织形式、学习支架和预估时间几个不同的维度设计出综合评价观测表，多元、综合地收集相关信息，客观、整合地分析和评价学生的课程学习情况。

1. 定位学习水平

在课程的各个阶段实施之前，必须合理定位学生的学习水平。例如，在课程启动阶段，就应将学习水平定位在知识层面，以引导学生借助各种途径，了解宋庆龄的生平，并尝试整理资料。这个阶段的任务难度相对较低，组织形式也以集体导入为主，所借助的学习支架多为概念和元认知。

2. 明确策略支架

进入规则制定阶段，以小组形式开展的活动任务，则需要借助策略支架，难度相对比较高，应该属于综合性的学习水平。

各小组合作，针对即将开展的场馆考察活动，制定相应的考察规则，或以文字、图画进行记录。该课程让学生从执行者变为设计者，能使他们更主动、更专注于开展场馆学习。

课程最后进入作业交流展示阶段，这一阶段主要以集体交流形式为主，从作品规范、结构完整等角度进行评价，难度中等，重在检测学生的学习能力和运用水平。

二、过程性评价

“过程性评价”中的“过程”，是相对于“结果”而言的，对于学生未来的学习和发展具有一定的目标导向作用。过程性评价不是只关注过程而不关注结果的评价，更不是单纯地观察学生的表现，过程性评价更关注教学过程中学生智能发展的过程性结果，如解决现实问题的能力等。及时地对学生的学习质量水平做出判断，肯定成绩，找出问题，是过程性评价的一个重要内容。

1. 设计学习任务单和评价手册

本课程注重过程性评价，将考察学习任务单和考察活动评价表作为一年级综合实践课程的一部分列入评价手册。活动开展前，针对学生的年龄特点，设计图文并茂的考察手册，列出即将要完成的学习任务。这既是对前期学习收获的一种反馈，又是对下一阶段学习任务的梳理和预告。学生人手一册，按照考察手册，开展有针对性的考察活动。

2. 多角度开展过程性评价

考察活动评价分为自评、互评、教师评、家长评，针对每一个活动中的表现、参与度和收获，学校以打星的形式进行评价。

自评，主要是指由任课老师先确立主题目标与评判方式，学生对自己的学习表现做出评价或小结。

互评，则是学习小组同学相互评价，取长补短，互相学习。

教师评，老师通过学生参与活动的态度和实践作业完成情况进行评价。

家长评，家长根据学生回家完成实践作业的态度和完成情况进行评价。

三、表现性评价

学生学习完一定的知识后，教师、学生、家长等通过学生对某一实际任务的执行情况，评价学生在此课程中的学习任务完成情况，包括表现性任务和对表现的评价，这种评价方式有别于传统的纸笔测验评价，是对学生能力行为给出的直观评价。

1. 整合学科，设计好习惯卡

在本课程实施的最后阶段，课程要求学生将认知转化为践行，即将故居访学中知道的宋庆龄的好习惯，学习内化为学生自己的好习惯。学校整合学生在语文、道德与法治、数学、美术等学科中的学习情况，引导学生设计“好习惯卡”和“时间卡”，让他们用自己喜欢的形式，给自己定下今后的学习和生活目标，引导和培养学生为自己的主动发展奠定基础。

2. 搭建平台，展示学习收获

课程的最后环节，是开展学生学习收获的评价活动。每位学生都将自己的作品张贴展示出来，并进行说明。学生在展示自己学习收获的基础上，还能聆听别人的介绍，取长补短，修改自己的作品，并用贴星的方式对不同的作品进行“点赞”评价。获得“点赞数”最多的作品，则当选为最优秀的作品。学生展示交流自己制作的习惯卡和时间卡，并以同学之间互评的方式明晰自己在思维、技能、创造上的优势及不足。这种评价方式可以使学生运用在课程中所获得的知识去解决某个新问题、创造某种新东西，这种评判方式，具有一定的指向性。

四、真实性评价

真实性评价，是一项侧重于学生学习过程中的智能转换与发展的评价活动，要求不仅评价学生“知道什么”，更重要的是对学生“能做什么”做出客观、公正的评价。它同时评价学生行为表现的过程与结果，评价学生某个学习领域、某个方面的能力以及综合知识运用的能力。

本课程也为学生打造了一个“真实的情境”。无论是课程前期对宋庆龄生平故事等相关知识的了解，还是课程实施中走进宋庆龄故居实地考察的感触和收获，学生们从一张张老照片、一件件旧物件、一个个小故事中都能感受到宋庆龄的人格魅力。他们徜徉在老洋房中，他们游走于白鸽绿草中，品读着这栋会说话的老洋房，开启了对未来的憧憬，立下了远大的志向。

执笔　汤捷

上海市第二初级中学

了解元勋黄兴，探寻民国历史

上海市第二初级中学位于徐汇区永嘉路388号，是中心城区一所公办优质初级中学。学校百十年风雨兼程，百十年励精图治，积极把握教育发展趋势、传承办学历史与脉络，铸就了“求真务实、以人为本、养成人格、勤朴勇诚”的“务本精神”，践行“和谐教育、适性发展”的办学理念，共同续写着“和谐发展教育”的光荣与梦想。学校各项活动中融入爱国、爱校、爱学习的教育，积极营造和谐、高雅、健康、向上的氛围熏陶学生，形成良好的学风和校风，体现了学校的精神文化的精髓。长期以来，学校以育人目标为导向，不断对课程进行校本开发，充分运用和开发课程资源，突出学科内容的统整，建设有特点的拓展课程系列，使教学内容贴近现代科学、贴近社会生活、贴近学生，为学生提供更多的选择。正是基于这样的办学改革基础，上海市第二初级中学坚持以“务本精神”为导向，充分利用地域优质教育资源，积极开发编制了“无公乃无民国，有史必有斯人——黄兴故居”校本课程，以此强化立德树人的教育价值，拓宽学生综合素养的培育通道。

“无公乃无民国，有史必有斯人”。黄兴，字克强，中华民国开国元勋。虽然在初中的历史书上对他的描述不多，但是，正如章太炎所写的挽联那样，黄兴先生为推翻帝制、建立民国立下赫赫功业，流芳百世，受人敬仰。

黄兴先生在上海留下深刻的足迹。在上海居住的多年间，黄兴先生始终奋斗在革命的第一线。为了纪念黄兴先生，上海建有黄兴路、黄兴公园、黄兴学校等。而黄兴先生人生的最后阶段居住在上海市徐汇区一所英国乡村别墅洋房里。

为了让学生能够全面地了解黄兴先生这位历史人物，更为完整地了解中华民国创建时期的历史。上海市第二初级中学整合资源，设计了课程“无公乃无民国，有史必有斯人——黄兴故居”。让学生在体验课程的同时也能树立对国家、民族的历史责任感和历史使命感，培养爱国主义情感。

资 源 地 图

烈士的精神浸润沃土

黄兴旧居位于武康路393号，初建于1912年，是一幢坐北朝南的英国乡村别墅式洋房，建筑面积1749平方米。南楼为半露木结构，陡坡顶。底层建有对称的大理石露天台阶，清水水泥墙立面，红瓦屋面，有各式类型的木门窗。各层均挑出弧形阳台，饰有宝瓶式栏杆。初建时楼南为占地4亩（约2667平方米）的花园，园内绿草如茵，并广植苍松翠柏、名贵花木。浓荫覆盖花木纷繁，有香妃竹、白玉兰、紫藤等。西南隅还有一座茅亭，环境幽雅。

1914—1916年，近代民主革命家、同盟会创始人之一——黄兴先生寓居此地，最终也病逝于此。黄兴先生在世期间孙中山曾两次来黄兴寓所。黄兴逝世后，“黄公馆”几经易主，并在武康路一侧加建了北楼。1932年，蔡元培、吴稚晖等在此创办了上海国际图书馆，它是日内瓦中国国际图书馆的分馆，也是我国第一家国际专业图书馆。这里还曾是上海电影厂的办公楼，楼梯墙上曾悬挂着白杨、张瑞芳、上官云珠等艺

黄兴故居

术家的大幅照片。1936年由当时的社会知名人士张静江、李石曾、吴稚晖和蔡元培等共同创办了世界中小学，主要是培养去瑞士日内瓦留学的预备生。1981年，上海沪光中学迁入，并在园南建成一幢5层教学大楼，原茅亭、花园被拆除。如今故居部分为武康路旅游咨询中心、徐汇老房子艺术中心，部分为居民住宅，是市级优秀历史建筑保护单位。

黄兴旧居
Former Residence of Huang Xing

武康路393号
393, Wukang Road

上海市优秀历史建筑。徐汇区文物保护单位。
It has been designated as an outstanding historical building in Shanghai and immovable cultural relic in Xuhui District.

早期部分建于1912年，新古典主义建筑样式。后续部分建于1933年，装饰艺术派风格。1912至1916年，近代民主革命家黄兴（1874-1916）曾居住于此。

The early building was completed in 1912, having neoclassicism architectural style. Its extension which was completed in 1933 has Art Deco style. It served as the residence of Huang Xing (1874-1916) who was the democratic revolutionist in modern ages from 1912 to 1916.

上海市徐汇区人民政府立
二〇一一年六月

黄兴故居市级优秀历史建筑保护单位

课　程　赋　能

就这样，埋下一颗种子

上海市第二初级中学地处永嘉路388号，位于天湖学区的核心地区，也是曾经的法租界地块。为了更好地了解地区历史，故居资源成了不可或缺的重要组成部分。

上海市第二初级中学确立“以学生发展为本”的课程观。以课程的内涵性和选择性为根本出发点，着眼于全体学生的学习需要与素养培育需要，立德树人铸魂立根课程育人。学校从学生的实际出发，深入实施素质教育，以创新精神和实践能力的培养为重点，将育人目标提炼为：身心健、德行优、爱学习、善合作、知世界、乐生活，道德品行良好、基础学力扎实、素养发展持续，明事理、知进退、有品位的初中学生。在综合素质成为学生评价的重要依据的形势下，引导学生兼顾学业发展与个性特长，在各种课程、各类平台中塑造人格、锻炼才干、全面发展，成为具有扎实学力、有鲜明个性、有创新精神、有发展潜力的初中学生。

结合学校的教学特色，整合学区的人文底蕴，上海市第二初级中学进行课程开发，实现跨学科渗透，设计了课程“无公乃无民国，有史必有斯人——黄兴故居”（简称“黄兴故居”课程）。让学生在体验课程的同时也能树立对国家、民族的历史责任感和历史使命感，培养爱国主义情感。埋下一颗种子，一颗赤子之心。

黄兴故居课程围绕旧居的地理资源深度挖掘，结合黄兴先生的历史经历和个人的文学才华精心进行跨学科设计。课程设计充分运用“品物华”“慕人杰”天湖学区的文化内涵。在搜集大量的历史资料的基础上，结合学校的课程资源优势设计出丰富的教学内容，以历史、建筑、语文等学科为切入点，在操作实施中提升施教者和受教者的文学素养、历史知识和爱国意识。结合着对黄兴故居的探寻，本课程着重追溯黄兴先生与上海的连接点，彼此之间的渊源故事，进行对黄兴先生人物生平的学习、对黄兴先生文学作品的鉴赏、对黄兴故居建筑风格的探究等。

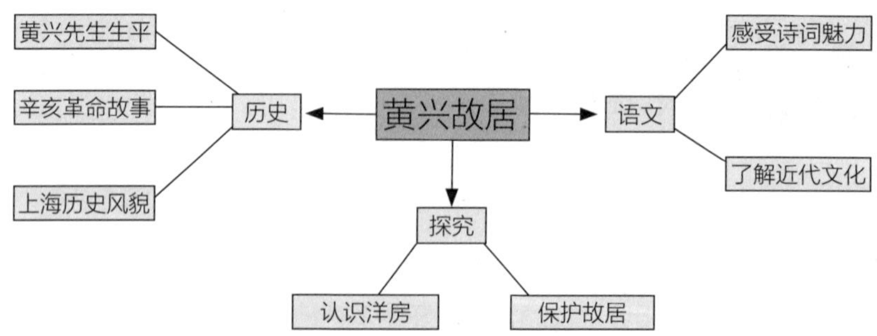

黄兴故居课程资源图谱

一、在故居课程体验中，培养历史学习素养

黄兴（1874.10.25—1916.10.31），汉族，原名轸，改名兴，字克强，湖南省长沙府善化县高塘乡人，中国近代民主革命家，中华民国的创建者之一，孙中山先生的第一知交。黄兴是辛亥革命时期的先驱和领袖，以字克强闻名当时。

对于这样一位重要的历史人物，不少同学却对他了解甚微。历史课上学生对中华民国及辛亥革命有较为完整的介绍，对孙中山先生的生平也同样有较为详细的讲解，然而，同学们对另一位中华民国创建者黄兴先生却知之甚少，因此，该课程将通过网络搜寻以及实地走访的方法，来了解黄兴先生生平，更为完整地了解中华民国创建时期的历史，树立民族自尊心和自信心，进一步增强爱国主义情感。

根据初中新中考改革实施要求，上海市第二初级中学加强了对探究性课程和拓展性课程的创新和建设。尤其是在加大了历史等科目的分数比重后，培养学生的历史学习素养也成为一项非常重要的工作。黄兴故居课程正是推进历史学习的一次契机，通过对故居的走访和对黄兴的探知，学生也能在社会实践过程中得到综合素养的提升。

二、学生感受文学的魅力，了解伟人思想的内涵

黄兴先生是一位文学素养极高的学者。他的诗词、诗作大气恢宏。目前中学生语文教材中，古代诗作较多，关于近代的诗作内容篇幅较少，因此课程希望通过赏析黄兴先生的诗作，提高学生对近代诗词的鉴赏能力，并从中发现黄兴先生对当时国情的认识与反思。

三、培养学生爱国主义精神

爱国主义是中华民族最为深厚的历史情感，是我们国家和民族自立自强的强大精神动力，是凝聚和鼓舞各族人民团结奋斗的一面旗帜。爱国主义是中华民族民族精神的核心，中国人民为争取民族独立和解放进行的一系列抗争，就是中华民族觉醒的历史进程，就是中华民族精神升华的历史进程。中华民国的建立就是国家自立过程中非常重要的一环。通过对黄兴的生平了解，学生不仅可以从中了解民国发展的历史，也能

从中感受到无数国人为了国家崛起而付出的牺牲和努力。

课程的发展不仅能培育学生，也能促进教师的发展。以课程来构建校园文化，师生在课程的时空里教学相长、共同成长，共创精神家园，提升生命质量。用课程关注每一位学生的成长。上海市第二初级中学通过黄兴故居跨学科课程的实施达到了师生互动成长，提升爱国情怀的共赢效果。

学习目标
烈士之风伴我成长

了解黄兴先生不仅仅是敬仰伟人的需要，也是对国家历史、城市历史的一种探寻。走访故居，感受历史的沉淀；品读著作，体会伟人的激情；探究学习，培养求知的素养。

为了让学生能真正感受到黄兴先生“无公乃无民国，有史必有斯人”的魅力，同时也能通过对黄兴先生的了解去探知革命历史，培养爱国主义，不断成长。黄兴故居课程确立了以下目标。

01 通过查阅资料，了解黄兴先生的生平及其在辛亥革命中发挥的重要作用。

02 通过鉴赏黄兴先生的诗集，提高对近代诗词的鉴赏能力，并从中发现黄兴先生对当时国情的认识与反思。

03 通过学习黄兴先生的诗词、诗作，培养爱国主义感情、社会主义思想道德和健康的审美情趣。

04 通过实地走访，了解租界文化对上海历史的影响。

学 程 设 计

沃土滋养革命的花朵

本课程主要分为“了解黄兴生平”“品析黄兴作品”“探访黄兴故居”三个部分。通过跨学科学习的方法，引发学生对历史事件的思考，对文学作品的欣赏，对课程活动的兴趣和思考，真正感受到黄兴故居这片沃土在革命史中留下的故事。

一、了解黄兴生平

学生们通过课堂学习，了解黄兴生平及其在辛亥革命中发挥的重要作用，完整地了解中华民国创建时期的历史，树立民族自尊心和自信心，进一步增强爱国主义情感。在历史课堂上通过资料查阅、图书馆走访和历史教师的课程设计实施，让学生们了解中国近代重要的历史人物黄兴先生的生平，来进一步了解中国近代重要的历史人物、历史事件和历史现象，了解中国近代历史发展的基本线索；通过阅读、理解和归纳一些基本的历史材料，从不同角度思考和解释历史问题；认识抗击外来侵略、捍卫国家主权和民族尊严是中华民族的优良传统；树立民族自尊心和自信心，进一步增强爱国主义情感，深入感受没有中国共产党就没有新中国的道理，坚定为中华民族复兴而奋斗的信念。在逐渐了解中国国情的情况下，理解并热爱中华民族的优秀文化传统，形成对祖国历史与文化的认同感，初步树立对国家、民族的历史责任感和历史使命感，培养爱国主义情感。形成健全的人格和健康的审美情趣，确立积极进取的人生态度、坚强的意志和团结合作的精神，增强承受挫折、适应生存环境的能力，树立正确的世界观、人生观和价值观；观看电影《辛亥革命》，深入了解辛亥革命时期的历史背景和历史发展。

二、品析黄兴作品

学生通过学习黄兴先生的诗词、诗作并尝试诵读，赏析黄兴先生的著作《黄克强先生全集》《黄兴集》《黄兴未刊电稿》《黄克强先生书翰墨绩》等，认识中华文化的博大精深，吸收民族文化智慧；关心当代文化生活，尊重文化的多样性，汲取人类优秀文化的营养，提高文化品位；注重情感体验，发展感受和理解能力；能初步鉴赏文学作品，丰富自己的精神世界。在语文课堂上鉴赏《黄克强先生全集》部分诗词，解释翻译，了解诗词的写作背景和具体内容；朗诵、表演同感黄兴先生当时的心情和处境；书写读后感，表达自己的学习感受，也抒发自己的爱国主义情怀。

三、探访黄兴故居

通过走访黄兴故居，了解英国乡村式建筑特征，并感受维护优秀历史建筑的重要性，树立保护文化遗产的意识。实地走访黄兴故居，观察故居外观，了解建筑构造。拍摄或绘画故居场景；探索故居周围，欣赏租借区的风貌特点，并探寻上海的租界历史，及租界对上海历史的影响。

三个部分的内容分别从历史、语文和探究学习三个角度来引发学生的关注和思考，培养学生的综合素养。最后，由学生根据黄兴故居课程的学习，自主完成一份长作业：学生自行制定探究学习主题，完成相应的报告和总结小报。

课　程　实　施

行走在过去和现在

本课程的实施通过“了解黄兴生平”“品析黄兴作品”“探访黄兴故居”三个部分开展活动，教师指导学生在故居寻访的实践体验中，获得多学科、多方位的收获：了解黄兴先生生平；了解黄兴先生对当时国情的认识与反思；感受当时的文化氛围。

该课程作为上海市第二初级中学的一门研究性、跨学科课程。将“学中做”“做中学”与“合作中学”相结合，使学生既能学习和感悟研究的基本方法，也能培养兴趣和特长。引导学生发现和提出问题、探究和解决问题。学生在跨学科的研究性学习中，将知识与技能应用于实际问题的解决，培养了自主与创新精神、研究与实践能力、合作与发展意识。课程采取课堂学习式、课题研究式、项目任务式、活动参与式等多样方式灵活开展，并与学科研究学习、社会实践活动等进行整合。整个学习过程不断穿行于过去和现在，让学生学习过去的历史，又收获当下的成长。

一、查找学习

伴随着信息时代的发展，越来越多的学习内容可以由学生自己去查找、去搜索、去了解。自主搜索查找的过程，往往能加强学生对相关内容的了解。

因此，在黄兴故居课程的第一部分了解黄兴生平实施开展前，学生们就完成了第一个课前作业：组成小组，搜索查找了解黄兴生平的四个重要部分（黄兴生平大事件、黄兴与孙中山、黄兴与辛亥革命以及黄兴与上海的渊源）。学生们通过上网和前往图书馆查找有关黄兴其人其事的资料，经分享交流，进一步了解黄兴在辛亥革命中所发挥的举足轻重的作用。而历史老师则会不断了解小组活动的情况，适时给予一定的指导。

查找学习的过程，是培养学生信息收集和筛选能力的良好机会和过程。例如，关于搜索查找黄兴生平的小组在活动期间就一直面临如何抉择的难题。黄兴先生的生平经历太丰富了，那究竟哪些才能算作是大事件呢？又有哪些事件是不为人知却又有着非凡意义的呢？在历史老师的指导下，在学习了当时的历史背景之后，学生们才最终形成了清晰明了的黄兴生平事件表。

黄兴生平事件表

时间	重大事件
1874年10月	黄兴出生于湖南长沙的一个地主家庭
1902年	赴日本东京弘文学院留学。他喜好军事，课余曾请日本军官讲授军事课程，每天清晨练习骑马、射击，为其日后领导武装起义创造了条件
1904年	在湖南长沙成立资产阶级革命团体“华兴会”，还策划了长沙起义

续表

时间	重大事件
1905年	在日本结识了孙中山，大力支持孙中山筹建革命组织“同盟会”
1907—1910年	先后参与或指挥了钦州起义、防城起义、镇南关起义、廉州起义、上思起义、云南河口起义，都遭失败
1911年	领导广州起义，率领敢死队进攻总督府。同年，武昌起义后，就任革命军总司令
1912—1916年	多次往返中国与海外，但他一如既往地关心并积极投入国家各项大事
1919年10月31日	在上海法租界霞飞路西端福开森路393号寓所逝世，时年42岁。 孙中山挽联云：“常恨随陆无武，绛灌无文，纵九等论交到古人，此才不易；试问夷惠谁贤，彭殇谁寿，只十载同盟有今日，后死何堪！” 章炳麟写下了举世皆知挽联：“无公乃无民国，有史必有斯人。”

其他小组在完成小组作业时，也充分利用查找学习，跳出历史书的范围，充分查阅各类材料，获取有效信息。例如，在搜索查找“黄兴与孙中山”的过程中，学生了解了孙中山、黄兴两位伟人在思想和行动上的差别，也了解了他们相互尊重、保留观点的一些合作模式。虽然在信息搜集过程中，学生发现了不少描述孙中山与黄兴之间存在冲突的文章，但是，在搜索的同时，加强信息甄别的能力有助于学生们更客观地学习。说到孙中山与黄兴的关系，在同盟会成立会上，黄兴提议：“公推孙中山先生为本会总理，不必经选举手续”，孙中山被推为总理。在辛亥革命以前的几次“倒孙”风波中，黄兴素以“成事不必在我”的信念，坚定地拒绝名利的诱惑，其大公无私和忍让顾全的态度足以让学生对黄兴的人格魅力有更充分的了解。

另外，学生在查找“黄兴与辛亥革命”和“黄兴与上海”内容时，对当时的历史有了更全面的了解，从学生自己查找的材料和交流沟通中，他们能够更真切地感受到当时革命的状况。

二、影视学习

影视学习可以使原先停留在文字上的内容一下子生动地呈现在屏幕上。声音、画面的交织构成，让观影者可以直观地、较为全面地了解故事内容，是学生比较容易接受的学习模式之一。影视是一种艺术，却有着大众最能接受的通俗感，尤其在反映历史故事的时候，往往能够将厚重感和真实性有机融合的呈现。

在开展黄兴故居课程实施的过程中，上海市第二初级中学通过影视学习的方式，让学生观看影片《辛亥革命》片段，使学生更直观地了解当时的时代背景和历史事件的意义。但在落实影视学习的过程中，有三个注意点：一是影视内容的选择和目的要明确；二是影视内容的长度要适中；三是让学生带着问题去观看。

在前期的课程设计时，课程组的老师就发现了很少有描述黄兴的电影或影视剧作品，所以大家只能从辛亥革命入手，最终，选定了电视剧《辛亥革命》。接着，教师做的就是对影片的审核和删减，最终形成的是一个个的小片段。在课程开展的过程中，穿插在一个个知识点之后，让学生能更形象、更确切地了解知识。此外学生们是带着问题去观看影片，所以专注度、投入度都会相对较高。

二、体验学习

在黄兴课程学习的第二课，上海市第二初级中学通过体验学习的方式，让学生们学习诗歌、文字背后的故事，并通过朗诵、书写等形式，感悟当时的文学氛围；从黄兴先生的书法和诗作中，感受他的爱国抱负和理想信念。

学生重点查阅了《黄兴集》一书，其中，对一些近代诗词还进行了解读和学习，黄兴先生诗词英雄肝胆，可见一斑。例如，在《蝶恋花·辛亥秋哭黄花岗诸烈士》一词中，写出了对烈士的崇敬和对革命的坚持；又如《山虎令》一诗中写出了英雄男儿的豪情壮志。

每一首诗词都写出了黄兴先生的爱国主义情感和振兴中华的斗志。学生们在学习朗诵诗词的同时，也仿佛身临其境地感受到了当时国家遭受到的苦难，通过诗词的朗诵和演绎，也增添了一份报效祖国的奋斗之心。

一些有表演爱好的同学还根据之前学习到的历史事件和黄兴诗词中的描述排演了课本剧。他们用自己的表演，将英雄们的高尚气节充分展示，也将黄兴先生的爱国主义情怀尽显。

四、寻访学习

学习不仅仅局限于课堂。在寻访的过程中，遇到的各类人、事、物、景，都能成为自己成长中的重要部分。故居课程的学习最终还要落实在实际的探寻上，通过寻访故居，包括故居周围的街区，让学生开阔眼界，解放思想，做到真正的感悟学习。

自2012年以来，学校每年都会开展主题寻访活动。有时会进行红色故居走访，有时会进行烈士后人寻访等，让学生在寻访中了解历史、学习榜样。此次黄兴故居课程的第三课就是开展寻访学习，实地走访黄兴故居。

在具体故居寻访的过程中，我们也遇到了实际困难，由于黄兴故居现已作为民居，没有对外开放，因此，学生无法进入故居的内部，只能外观。但是，仅仅是外观，对学生们的触动也是很大的。同时，为了弥补无法进入内部参观的不足，学生们进行了街区的走访，并对上海租界及其影响产生了浓厚的兴趣。事实上，很多革命人都曾居住上海，这与上海的租界文化有着密不可分的关系，通过行走学习，课程学习的内容又被学生们进一步拓宽。

在寻访的过程中，学生做足了功课，查阅资料、了解景点、调查路线，拍照、访问路人、走访居委等，大家为了更全面地了解故居、了解黄兴做了充分努力。

寻访完结后，学生们纷纷留下了观后感：有的学生感慨于故居建筑的构造；有的学生对租界史产生了浓厚兴趣；有的学生不断找寻着黄兴可能留下的痕迹。

五、探究学习

探究学习对学生们来说一个挑战，也是展现学生综合素养的最好方式。学生们自选课题，并主动探究，最终完成成果。这样一个完整的过程体验，可切实增强学生的自我效能感。

探究学习，作为黄兴故居课程实施的一种方法，操作程序分为选定项目、制订计划、活动探究、作品制作、成果交流和活动评价六个步骤。活动的主体是学生，但是，一个项目的实施，教师必须做好相应地指导，同时，利用好评价手段，可以更好地使项目的学习效果得以显现。

学生在体验了全部的黄兴故居课程后，会对黄兴的故事、辛亥革命的历史和上海的城市历史都有全面的了解。在这样的基础上，学生将开展探究学习，自己确定研究性课题，将学习到的知识再进行升华。学生确立的课题有《上海租界区对革命开展的意义》《黄兴更名趣闻》《留洋经历对黄兴的影响》等。这些小课题都是在全面了解了革命历史的前提下，充分利用各类学习模式来开展的。

课 程 评 价

累累硕果应运而生

黄兴故居课程的评价，坚持“科学、多元、过程”的原则，注重学生参与的过程性评价和表现性评价。学校对学生学习行为实施科学评价，注意充分肯定学生多方面不同程度的提高和进步，激励和引导学生改进学习、增强信心、提高效益。注重加强课堂评估，通过课堂提问、学生质疑、小组讨论、实际操作、微型调查等方法提高学习效果。教学评价注意对学生的学习采取多元评价，包括关注课堂专注度、实践表现、对学习过程的参与程度等。既有教师评价，也有学生自我反思、学生互相评价和鼓励；既有定量评价，也有定性表达。尽可能使评价激励学生综合素养的提高。对学生的评价，既重结果更重过程，着眼学生成长轨迹的过程，看重学生动态发展的趋势，强调过程中更细腻的收获与体验。

根据黄兴故居跨学科课程特点，本课程在采取师评、自评和组内学生互评三个维度上，主要通过三种评价方式来开展。

一、展示性评价

在黄兴故居课程的第一课中，教师就采用了展示性评价，即各个小组在进行专题搜索时，将搜索到的信息进行演示文稿制作，并进行小组多媒体展示。小组成员的精心设计和制作会被大家充分肯定，而知识的传递也让学生们感到快乐。展示性评价对学生是一种肯定和激励。例如，在整个课程的总结课上，各个小组进行了长作业的展示。他们将各自探究的内容进行了汇总和解说，并通过电子文稿的汇报、课本剧的表演等形式充分展示。教师和其他同学可以就展示情况进行打分评价。

二、过程性评价

过程性评价关注教学活动中学生综合素养培养的过程性结果。例如，课堂学习的专注度、小组活动的参与度等，都可作为过程性评价的一部分。过程性评价可采取自评、互评、教师评三种评价方式来进行。

自评：任课教师确立活动的主题、目标与评价方式、标准，学生据此对活动表现进行自评或小结。

互评：组内学生通过多种途径进行互评，从中发现他人在活动过程中的长处和不足之处，从而进行学习和反思。

教师评：教师通过学生小组交流、参观展馆情况以及研究性学习报告的完成情况对学生参与情况进行评价。

结合整个课程的各项学习内容，学生可以完成如下表格的过程性评价。

黄兴故居评价方式

评价内容	自评	互评	教师评
了解黄兴先生生平	☆☆☆☆☆	☆☆☆☆☆	☆☆☆☆☆
清楚辛亥革命对于新中国的意义	☆☆☆☆☆	☆☆☆☆☆	☆☆☆☆☆
能说出黄兴先生的主要贡献	☆☆☆☆☆	☆☆☆☆☆	☆☆☆☆☆
学习、理解黄兴先生的诗作	☆☆☆☆☆	☆☆☆☆☆	☆☆☆☆☆
能掌握搜集整理资料的基本方法	☆☆☆☆☆	☆☆☆☆☆	☆☆☆☆☆
参观文明有序	☆☆☆☆☆	☆☆☆☆☆	☆☆☆☆☆
小组分工明确、配合良好	☆☆☆☆☆	☆☆☆☆☆	☆☆☆☆☆
完成探究性学习报告	☆☆☆☆☆	☆☆☆☆☆	☆☆☆☆☆

三、评选性评价

评选性评价可以进一步激发学生的主观能动性，增强学生完善成果的动力。黄兴故居课程综合实践完成后，学校对项目学习完成的长作业进行评选，设立了“最佳作业奖”“最有创意选题奖”等小奖项。在评价过程中，学生们可以发现自己的优势和不足，也能促进他们进一步改善自己的学习成果。

执笔　瞿琳

上海市徐汇区建襄小学

树民族企业旗帜，探红色爱国情怀

建襄小学，位于岳阳路255号，坐落在徐汇区天平街道，位于衡复风貌保护区，学校创建于1958年，以“鸡毛飞上天”的办学精神享誉全国，学校注重学生行为习惯的培养、学生自主学习能力的培养，为学生“扎实基础、张扬个性”创设了良好的成长环境。依托天平街道独有的历史人文资源，得益于“天平30分钟德育圈”项目，积极参与区域课程共建，从学校办学理念和育人目标出发，将活动的场域延展至整个天平社区，选取了以学校为圆心，步行30分钟以内的荣德生故居作为校外教育活动实践点，开发设计了校本课程“民族企业先驱荣德生”，从资源图谱、背景、目标、内容、实施和评价六个方面对该课程进行了研究和打磨。

徐汇区天平街道位于衡复风貌保护区，坐拥上千座历史建筑，众多名人故居、名家名人汇集，文化积淀深厚，“人文天平”是它的名片。这些珍贵的记忆，折射了海派文化的历史变迁，更是开展爱国主义教育、构建和谐社区的生动教材。

上海高安路18弄20号是中国民族资本家、慈善家荣德生的故居。荣氏家族，是以荣德生之子荣毅仁为代表的中国民族资本家族，他们靠实业兴国、护国、荣国，在中国乃至世界写下了一段辉煌的历史。荣宗敬和荣德生兄弟创办的企业是中国民族企业的前驱。

荣德生故居由两个建筑一个花园组成。正前方小楼现为东方乐器博物馆，右侧为三层混合结构的楼房。建筑外立面以横线条为主，层间和横向窗带遮阳板用白色边框装饰。建筑两端和阳台尽端均以弧形处理，墙面以黄色涂料直线拉毛，呈现立面活泼、新颖的效果。楼房底层外廊中央入口有两根仿意大利文艺复兴时期建筑的多立克式廊柱，进入门厅后右边是衣帽间，左边是书房，通过内廊进入大客厅，两侧是休息厅。

底层西端是餐厅，与厨房和配菜间紧连，还有一条走廊与车库连接。二层南向居中一间是荣德生夫妇的卧房，两侧有书房和小会客室，

荣德生故居

东向几间是女儿的闺房，西向几间是儿子的卧房，有一条走廊连接保姆和佣人房。三层是供亲戚朋友作客小住的客房和贮藏室。平屋面楼顶上辟有露天花园。

1956年该住宅捐给国家，改为徐汇区少年之家，1960年改名为徐汇区少年宫至今。

本课程的资源图谱构建主要来源于高安路18号“荣德生故居”。荣德生故居范属名人故居之列，他的旧居仅在上海就有两处，另一处在长乐路1242号；此外，在无锡市郊区（现滨湖区）荣巷镇西街还有荣氏兄弟故宅，系荣宗敬、荣德生兄弟建造。而上海的两处荣德生故居均系老洋房建筑，故居不仅为我们提供了名人的生平、居住经历的研究，而且故居的建筑风格也是课程研究的重点，对研究上海这座极富历史文化底蕴、中西方建筑风格相融合的城市有着重要价值。

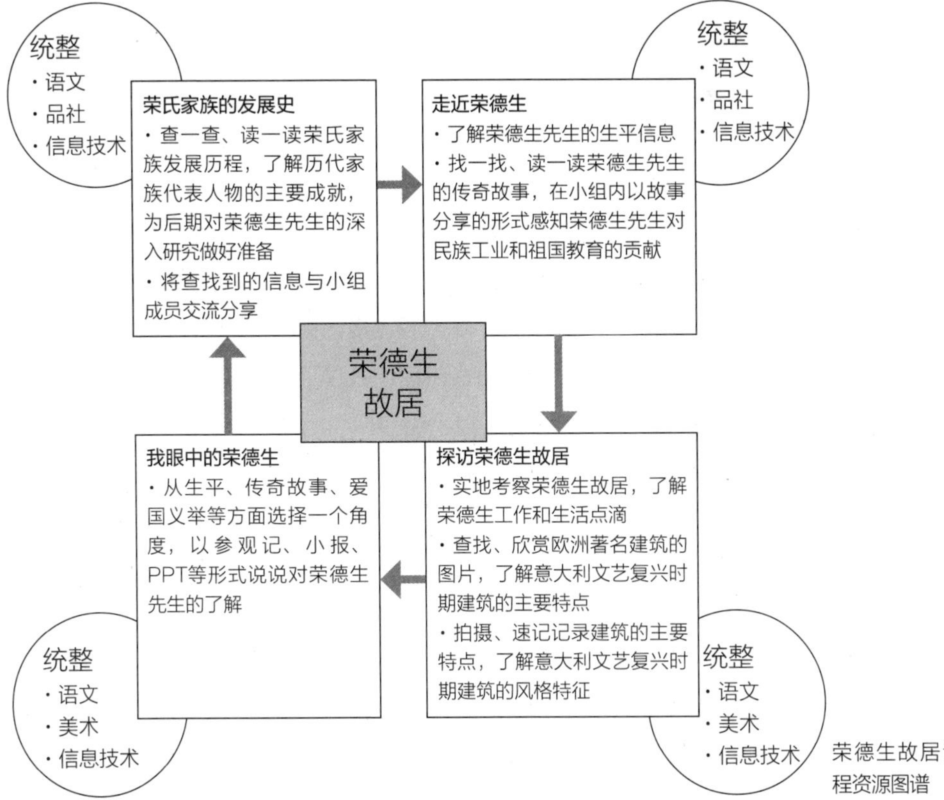

荣德生故居课程资源图谱

课程赋能

海派文化的历史变迁

建襄小学地处有着众多名人故居，名家辈出、底蕴深厚的天平街道，属集“人文、科技、艺术、教育”于一体的天湖学区。依托“30分钟德育圈”丰富的资源，建襄小学结合本校实际，从中采撷荣德生故居进行课程开发，实现科学整合，形式创新，意义深远。

一、依托老洋房资源，培养学生爱国主义精神

荣德生，江苏无锡人，名宗铨，字德生，号乐农氏居士。他早年在上海钱庄当学徒，后与兄长荣宗敬一起创办茂新面粉厂、福兴面粉厂、申新纱厂等民族实业，成为上海著名的“面粉大王”“纺织大王”。荣宗敬和荣德生兄弟创办的企业是中国民族企业的前驱。从近代开始，荣家三代，即荣宗敬和荣德生兄弟，荣德生之子荣毅仁，荣德生之孙荣智健，对中国经济的发展做出了巨大贡献。抗战时期荣德生曾拒绝与日伪合作，1949年后历任第一届全国政协委员，苏南行政公署副主任等职务。

荣德生先生的爱国精神是中小学开展爱国主义教育的生动素材，但由于荣德生先生的生活年代比较久远，学生较难领会人物身上的可贵精神。本课程正是针对这一点，设计通过走访荣德生故居，切实拉近小学生与上海城市发展历史的距离，并借助各项活动，引导和帮助学生深入了解、体悟荣德生先生的爱国精神，同时，通过探访名人故居教育活动，使学生各方面的能力得到锻炼和提升。

二、依托地域文化资源，打造特色主题活动

建襄小学从办学理念和育人目标出发，充分利用“30分钟德育圈”的教育资源优质，聚焦“荣德生故居”的爱国主义和上海民族工业发展的教育资源，整合学校的少先队教育、班级教育、学科教学等多元载体，研发设计了覆盖1~5年级学生的成长系列主题活动，包括：一年级，小苗苗快快长；二年级，我是光荣的少先队员；三年级，今年我十岁；四年

级，漫步天平；五年级，我毕业了。成长系列活动，凝聚了师长辛勤的汗水以及社会各界对建襄学子的厚爱和殷殷期望。其中，学校依托丰富的社区资源，开发了四年级主题活动“沿天平足迹，探人文情怀”。

三、以共建的课程，实现资源共享

有赖于历史文化底蕴，学区利用衡复风貌保护区的优质资源，深刻挖掘资源背后的人、事、物、情，以课程建设为抓手，深入挖掘地域文化内涵，着力打造学区共建课程，以期实现优质资源的交互共享。在此背景下，建襄小学作为学区德育“30分钟德育圈”的成员单位，积极投入课程建设，确立了课程目标，制定课程模块，旨在通过了解荣氏家族发展史及荣德生先生生平、考察故居及对老洋房建筑特色的了解，让学生以体验教育为途径，实现育人目标。

学 习 目 标

开启儿童美好心灵的钥匙

本课程的学习目标主要围绕学校“教好每个学生”的办学理念、“基础厚、身心健、品行端、视野宽”的育人目标展开。本课程通过上网查找资料，了解荣氏家族的发展史及荣德生先生的生平经历及为国家建设做出的贡献，感受其高尚的人格魅力。同时，通过“小队探访，家长协同”的形式，开展名人故居的实地考察活动，感受名人的爱国情怀、了解老洋房的建筑风格。

01 通过收集整理资料，了解荣氏家族的发展史以及荣德生先生的主要经历，了解他和荣氏家族对中国民族工业和教育的贡献。

02 通过生平解读、故事分享和故居探访等活动，感知荣德生先生的人格魅力，学习他的爱国精神。

通过走一走、看一看荣德生故居，初步了解意大利文艺复兴时期建筑的风格特征，感受上海独特的海派文化底蕴。

学　程　设　计

课程学习的路径和支架

为了更为深入地挖掘洋房里的人文历史，将爱国情感作为一条主线索进行提炼，从而使课程“民族企业先驱荣德生”凸显出以“多维目标、课程融合”为核心的项目化活动学习设计内涵。制订课程计划之初，学校就根据前期绘制的课程资源图谱，对应学校的培养目标，结合学生的学习需求，选取了“荣氏家族的发展史”“走近荣德生”“探访荣德生故居”“我眼中的荣德生”四个模块，对其进行多元目标渗透，旨在丰富学生跨学科学习经历，建立系统的思维方式、提高思考动能，以开阔的视野践行课程的横向融合、激发学生的“自建构”学习潜能，形成创新性素养，在与名人的对话中产生“人文”的共情。

模块一：荣氏家族的发展史

该模块是整个课程的起始部分，学生可以通过小组合作的方式，开展查一查、读一读荣氏家族发展历程，了解历代家族代表人物的主要成就，为后续对荣德生先生的深入研究做好准备。

模块二：走近荣德生

该模块主要着眼于荣德生先生所处的时代。学生可以通过找一找、读一读荣德生先生的传奇故事，在小组内以故事分享的形式，感知荣德生先生对民族工业和祖国教育的贡献。

模块三：探访荣德生故居

该模块是让学生实地考察荣德生故居，感悟荣德生先生注重实际、淡泊虚名的实业家品行，从而由衷地萌发对荣德生先生崇敬之情，激发爱国情怀。学生还可以通过查找、欣赏欧洲著名建筑的图片，拍摄速记，记录建筑的主要特点，来了解意大利文艺复兴时期建筑的风格特征。此外，“探访荣德生故居”系建襄小学四年级“寻找身边最美的人”语文项目化学习中活动二“沿天平足迹，探名人情怀”的探访点。此项目化学习从寻找身边最美教师延展至寻找天平社区最美的人，从教师到名人名家，鼓励学生去发现每个人的独特之处，去发现身边人身上的“闪光点”，了解“美”的真正内涵。这也与本课程目标中学习荣德生先生的爱国主义精神相吻合。

模块四：我眼中的荣德生

该模块则是让学生以参观记、小报、PPT等多种形式，从以上三个维度中选择其一，说说学生眼中的荣德生先生，这既是对活动的反馈，也是检验学生对课程的学习力。

以上四个模块层层递进、环环相扣，循序渐进地引领学生开启探究之门，揭开荣氏家族的神秘面纱、了解名人身后的故事、领略中西方文化的融合之魅力，也与学校培养“基础厚、身心健、品行端、视野宽”的建襄学子的育人目标相契合。

课　程　实　施
真正成为活动的主人

在本课程的实施过程中，主要结合“荣氏家族的发展史”“走近荣德生”“探访荣德生故居”“我眼中的荣德生”四个主题，与我校四年级成长仪式“沿天平足迹，探人文情怀”相融合，选用“小队探访、家长协同”的方式开展活动教学，努力尝试通过项目化的活动设计，让学生在设计中学会统筹规划、周密思考；努力探索学校、家庭、社会三位一体协同教育的育人模式；让学生真正成为活动的主人。

一、网络学习

进入21世纪至今，在信息技术发展的新阶段以及全球化背景下，教育领域正在发生一场广泛而深刻的变革，互联网、云计算、大数据、人工智能等新兴的信息化技术驱动高等教育创新发展，教学方式和教学管理都发生了重大变化。

对于刚开始接触荣德生故居课程的学生而言，由于人物所处的年代比较久远，鲜有所知，更谈不上了解背后强大的家族了。学生们想要了解人物信息，借助互联网查找无疑是最佳的学习手段，也是最有效率的学习途径。因此，在课程模块一和模块二的实施过程中，要求学生借助于互联网对无法解决的问题进行搜索。通过互联网查找收集荣氏家族和荣德生先生生平的相关资料，例如，荣氏家族的发展史、荣氏家族代表人物以及他们的成就、荣德生的生平及传奇故事等。在查找过程中，学生可以根据自身的兴趣和需要，在大量内容中整理、筛选出与课程要求有关的内容，从而加快对课程的学习进程推进。

二、影视学习

影视是聚焦主题内容，将声、色、光、影的完美融合，能极大地激发学生的学习欲望。用影视推进课程实施，学生不仅“听得到”，而且可以“看得见”，使主题内容变得鲜活生动。影视中有丰富的表情、手势和其他的视觉线索，这些都能帮助学生理解特定的文化。

学校组织学生观看了《荣氏家族崛起和兴盛》《档案：荣德胜绑架案幕后真相》的视频资料。学生在学习的过程中，可以不受时间、空间的局限进行观看，在绘制课程资源图谱的同时，所得的有关荣德胜故居的丰富图像资料、荣氏家族发展史的文献资料，转化为深入浅出的说明，以直观的方式展现在学生面前，不仅让学生避免了单一且枯燥的文字阅读，更符合此阶段学生的求知需求，有效扩展了学生的自主学习空间，让学习真正变得“听得到、看得见”。

在组织学生实施“影视学习”时，教师一定要先行观看，并将有教学价值的片段加以批注。在学生观看前，教师及时引导学生做好适当的笔记，当然也可以布置若干问题，让学生带着问题观看，以达成较好的观影学习效果。

二、场馆学习

“场馆作为一种文化传承的社会性机构，肩负着面向社会公众尤其是青少年群体普及科学文化知识的责任”，“场馆是课堂的有效延伸，是课程的有效载体”。本课程的实施，以名人故居为学习场馆，将名人故居设计为历史和人文的传播平台。

当代将名人故居定义为：“故居是重要的文化资源，具有深刻的历史价值和文化内涵，记载着城市的历史变迁，传承着城市的文脉，给后人以教育、以警示、以启迪”。老洋房名人故居是中国近百年以来风云变幻的历史的再现，每一幢老洋房都承载着一个当年上海滩的传奇故事。读懂老洋房，就是读懂它背后蕴藏的故事；走近老洋房，将对文化的体验内化为爱国的情感。荣德生故居属于老洋房建筑，设计构思巧妙、布局合理，风格实用、简洁、新颖，黄色水泥拉毛墙面，恰如其主人荣德生注重实际、淡泊虚名的实业家品行。别墅朝向南面，底层门厅有两支仿意大利文艺复兴时期的陶立克式柱头，使西洋古典建筑与现代建筑风貌相吻合。目前故居为徐汇区少年宫，虽然不能进入参观，但从外观上依旧能领略到中西方建筑特色相吻的独特魅力。

在课程模块三“探访荣德生故居”的活动中，学生们以“小队探访、家长协同”的形式实地考察荣德生故居。学生走进场馆，寻访名人故居，之前有了对荣氏家族及荣德生先生的生平了解，如今探访名人曾经居住过的地方，对荣德生先生一生注重实际、淡薄虚名的品行有了进一步感受。活动中

学习任务单

小贴士：文艺复兴时期的建筑特点是大量使用罗马式列柱作为支撑、巨大的穹顶、复杂华丽的装饰和内部彩绘，等等。文艺复兴（14—17世纪）式建筑不断华丽化、复杂化的产物是巴洛克风格建筑，这种建筑以鲜明的色彩、华丽的装饰、宏大的气势闻名，集成了文艺复兴时代的建筑特点，注重列柱和穹顶的使用，内部采光条件也比中世纪的教堂建筑有了提高。

小任务：荣德生故居具有意大利文艺复兴时期建筑的风格特征。请你找找故居中哪些部分具有文艺复兴时期的建筑特点？

我发现________，符合文艺复兴时期建筑________特点。

我发现________，符合文艺复兴时期建筑________特点。

我发现________，符合文艺复兴时期建筑________特点。

场馆学习任务单示例

以小队为单位，小队成员分工合作，发挥个体的特长，拍摄、速记记录建筑的主要特点，了解意大利文艺复兴时期建筑的风格特征。活动后完成任务单，进行阶段性活动小结。

四、行走学习

2016年，教育部等11个部门联合出台了《关于推进中小学生研学旅行的意见》，提出全国各中小学要开展研学旅行，参加学生范围包含小学四到六年级、初中一到二年级、高中一到二年级，并要求建立小学阶段以乡土乡情为主、初中阶段以县情市情为主、高中阶段以省情国情为主的研学旅行活动课程体系。研学旅行有益于学生增长知识、了解民俗、体验人文，被人们称为“会行走的教室”。建襄小学依托“人文天平”的地域优势，积极探索建构行走类课程，将活动的场域延展至整个天平社区，开发了四年级主题活动“沿天平足迹，探人文情怀”，而荣德生故居也是这次活动的探访点之一。该活动让学生感悟历史古迹，在行走中了解历史。活动以学生为主体，采取活动前“资料搜集，设计队标和探访路线”、活动中“考察场馆，完成任务单”、活动后“总结感悟，评比展示”等板块设计，让学生不论行到哪里，“行”前都要先做查阅资料、了解景点、调查设计路线等准备工作；“行”中做好观看、欣赏、拍照、记录、打卡工作；“行”后完成任务单，和家长、同伴一起分享活动感悟。

五、整合学习

整合，就是将不同的部分连接成一个整体或将不同的部分纳入到整体中。《基础教育课程改革纲要（试行）》在基础教育课程改革的具体目标中提出：“改变课程结构过于强调学科本位、科目过多和缺乏整合的现状……以适应不同地区和学生发展的需求”。开展整合学习的原因之一，就是要求课程设计和实施要将生活世界的整体性客观地呈现出来，把学生从单一的书本世界和封闭的知识体系中解放出来。

在荣德生故居课程的建设、研发过程中，我校将品社学科与该课程进行学科融合，教养学生的品行、品德、品格，立足于个人生活与社会生活的联系，依据多元线索以综合主题形式构建、组织学习内容和学习活动。通过与其周围的自然环境、社会和他人的联系，从态度、能力、知识三个方面促进社会化发展。强调学习活动的实践性，通过体验、探究、解决问题等多种学习方式实施课程。本课程模块三“探访荣德生故居”和模块四“我眼中的荣德生”，既涉及语文学科的阅读、写作的整合，又涉及语文与美术学科间的整合。同时又将学科知识与学生个性化的生活体验整合。在学习方式上，又体现出课堂学习、课后阅读与实地走访的整合。最终使本课程呈现出多元化的实践活动。

此外，在建构主义等理论指导下，信息技术为本课程提供了良好的学习环境，使学生的主体地位得以真正确立，使自主学习、探索学习、协作学习得以真正实现，使终身教育和学习社会化成为可能，极大地激发学生的学习动机，培养学生的创新精神和实践能力。课程内容在信息技术的支持下获得了新的发展动力，得以更高效、深刻地内化为学生的学习素养。本课程的模块一和模块二中，运用信息技术搜索荣德生先生及荣氏家族的信息，其意义与作用已在搜索学习部分阐述过，在此不再赘述。

六、项目学习

项目化学习是当前全球教育中的一个热点话题。项目化学习是一种重要的学习方式，通过“做项目”，在学习知识的同时，培育多方面能力，以实现它最大的价值。国家督学张民生在第一届学习素养项目化学习峰会中说：“努力探索中国特色的项目化学习”“形成特色更重要的是使广大的第一线的教师对项目化学习愿学习、会运用、见实效、能创新。”我校作为项目化学习“1+9”参与校积极开展项目化学习，在名人故居课程的思考和设计中，借鉴兄弟学校经验，结合校情，创新设计了四年级语文项目化学习设计方案《寻找身边最美的人》，在本课程的第四阶段，要求通过小组协作的实施途径和方法，合作完成个性化的“我眼中的荣德生”。根据“项目学习”的具体步骤，小组成员的“选题”是最关键的一环。既然是对项目的探究，那么就要鼓励学生挑选自己感兴趣的内容，不“人云亦云”，从不同角度出发，介绍“我眼中的荣德生”。根据前三个模块对课程的学习，学生已经对人物生平、传奇故事、对民族工业和教育的巨大贡献、故居的建筑特色等方面有了一定了解，在此基础上引导学生选择一个角度，以参观记、小报、绘画、

PPT等多样化形式说说对荣德生先生及其故居的了解，从而对名人身上的“美”有进一步的认知理解，使本次项目化主题活动的目标真正落地。

课　程　评　价

多元评价发展学生潜能

课程评价是保障课程质量、改善课程品质的关键手段；实施课程评价的最重要目的在于不断地完善课程、提升质量，从而更好地满足教师、学生，乃至学校的发展需求。课程评价既受主体需要的制约，又受课程的结构与内容的制约。因此，在评价课程时，必须坚持主体与客体的统一。根据课程特点，本课程遵循多元的评价原则和方法。在评价过程中，综合考查学生的专业技能、探究过程、学习能力、认知水平、团队合作等多方面表现。在评价主体上，采用自评和互评相结合的方式。一般针对在项目中的每个活动中的表现和收获以打星的形式进行评价。

自评是由任课教师先确立主题目标与评判方式，学生对学习表现进行自我评价或小结。

互评则是由同学或小组之间通过多种途径进行评价，发现他人的不足，并促使自己反思。

这样的评价方式更为民主、合理，对于表现突出的学生，学校将课程成果以布展的形式进行相应的表彰和奖励。

一、过程性评价

杜威在“教育无目的”的理念中指出：“生活、生长和经验改造是循序渐进的积极的发展过程，教育目的就存在于这种过程之中，生长的目的是获得更多更好的生长，教育的目的就是获得更多更好的教育。”他强调，“教育要使学生成为教学活动的积极参与者，而不是漠不关心的旁观者。”其实质是强调教育要激发学生的学习动机，因为动机能激发新的学习需求，这样的学习动机正是教育所期待的。

过程性评价是关注学生学习过程中的学习情况。通过对学习方式的评价，将学生的学习方式引导到深层次的方向上来。过程性评价中的学生自评、互评的方法，可以使学生逐步把握正确的学习方式，树立正确的学习动机，掌握适合于自己的学习策略，从而真正提高学习质量与效果。

学校在开展荣德生故居课程的过程中，将学生在学习中的点滴成就，以自评和互评的形式呈现。评价的内容，根据课程开展阶段的不同，可分为不同的层次，例如："能将查找到的荣氏家族和荣德生的信息与小组成员交流分享""能在小组内以故事分享的形式感知荣德生先生对民族工业和祖国教育的贡献""能用拍摄、速记等形式记录老洋房建筑的主要特点"等方法技能类评价点；"参观场馆文明有序""小组合作分工明确、团队协作"等德育类评价点。此外，评价的结果还与学校的"善行知礼，童心飞襄"争章活动相关联，让学生能够及时收获学习给予的"报酬"，满足学生体验成功、享受成功的需求，从而进一步激发他们的学习热情和探究精神。

二、评选性评价

在项目化学习"寻找身边最美的人"所蕴含的"表现性评价基础上"，学校还针对课程内容对学生完成的作品进行"评选性评价"。依托"沿天平足迹，探人文情怀"四年级主题活动，开展"英雄事迹记心间""英雄故事我来演""身边榜样我来学"等评选活动。活动中，学生以小队合作的形式演一演、猜一猜、讲一讲，通过大队活动课、班级黑板报、年级组橱窗、操场布展等平台进行评选展示。该评选活动结合大队部"善行知礼"争章活动，予以"飞飞币"的奖励，学期结束对其进行表彰。

评选性的评价机制，不仅活跃了学校的文化氛围，更让学生在评选过程中，激发对课程的学习热情和积极性，增强学生的获得感，体验学习的快乐。

三、表现性评价

表现性评价是目前国外在学校课程评价中得到广泛应用的一种独立的学生评价方式。美国教育评定技术处将表现性评价界定为"通过学生自己给出的问题、答案和展示的作品，来判断学生所获得的知识和技能。”在学校的教育背景下，所谓表现性评价是指通过观察学生在完成实际任务时的表现，来评价学生已经取得的发展成就。表现性评价回归于学生教育活动中、在课程教学中的完整而真实的生活，强调在完成实际任务的过程中评价学生的发展，不仅要评价学生知识技能的掌握情况，更重要的是通过对学生表现的观察分析，评价学生在创新能力、实践能力、与人合作能力以及健康的情感、积极的态度、科学的价值观等方面的发展情况。

荣德生故居课程与我校四年级的“沿天平足迹，探人文情怀”主题活动相融合。活动前学生们置身于真实的任务情境中，以小队为单位设计小队旗，挑选探访点，制定考察路线，学生自主参与，构建各自独特的答案。通过活动锻炼学生实际操作能力，激发学生的思维，开拓学生的创造性，使学生真正成为活动的主人。

四、发展性评价

《国务院关于基础教育改革和发展的决定》和教育部《基础教育课程改纲要（试行）》的文件强调，要建立促进教师和学生发展的评价体系，改变课程评价过分强调甄别与选拔功能，发挥评价促进学生发展、促进教师提高和改进教师实践能力的作用，实现教师与学生的共同发展。

本课程正是项目化学习的重要组成部分。在具体的学习活动的开发和实施过程中，从活动的筹备，收集资料，设计活动方案，到活动后的总结反思，为学生搭建展示平台，老师们最大限度地发掘潜能，培养业务能力和创新素质，促进教师的长远发展。同时，学生们在参与活动中，自主设计探访路线，完成任务单，有效地发展潜能，促进全体学生的全面自主发展，提高学生的创新素质和实践能力。

执笔　吴菲莉

上海市徐汇区第一中心小学

走进丁香花园，走近李鸿章

徐汇区第一中心小学坐落在徐汇区“天湖学区”，具有100多年的办学历史。长期以来，学校强化对学生综合素养的教育和培养，积极开展寓教于乐的人文精神教育和爱国主义教育，促进学生的全面发展。学校坚持教师的教学要精选、精讲、精练，从而使学生成为基础实、会思考、能力强的学习型人才，学校承担了徐汇区小学低年级教学改革的综合试验，取得成果；学校一贯强调学生能力的培养，课外开展多种兴趣小组活动。学校周围现存大量老洋房建筑，依托这样的地理资源优势，从实际校情、学校教育理念以及区域课程共建使命出发，学校选取了“丁香花园”作为校外教育活动实践点，精心研发了“走进丁香花园·走近李鸿章”校本课程，以此载体，通过名人故居的研学实践教育活动，深入名人故居，寻访名人史迹，走近洋务重臣李鸿章，深入了解和感受上海开埠和发展时期以“李鸿章”为代表的传统士大夫的情怀，了解中国近代史，以此拓宽学校培养学生“拥有健全而有益于社会的必备素质”的通道。

丁香花园的建筑特点显著，是老洋房发展初始阶段的代表建筑，建筑风格仿早期欧洲式，融合了中国园林的造园艺术。这是在洋务运动的影响之下，上海开埠和发展时期，洋务重臣李鸿章作为传统士大夫的代表，在建筑的发展上体现出的传统士大夫的情怀，既有现实的担当意识，又对中国的文化有传承。对丁香花园进行实地考察以及获悉相关历史知识，能够提高学生的审美意识和能力，增强对人类社会的热爱及责任感，发展创造美好生活的愿望与能力，同时能引导学生在实践中发现和提出问题，逐渐形成探究意识和创新精神。

地处现存大量老洋房建筑的“洋房地段”，徐汇区第一中心小学依托地理资源优势，从实际校情、学校教育理念以及区域课程共建使命出发，选取了上海保存完好的老洋房之一、上海市优秀近代建筑保护单位——丁香花园，作为校外教育活动实践点，并作为学校打造“走进丁香花园 · 走近李鸿章”课程（简称“丁香花园”课程）的资源，从资源图谱、背景、目标、内容、实施和评价各方面对该课程进行阐述，精心编制了深受学生欢迎的名人故居校外研学实践课程。

资　源　地　图

洋务运动背景下的建筑审美和人文情怀

丁香花园课程资源图谱依托现存的历史建筑和有关史料，对其在“建筑”“人文”“历史”以及“美学”上的价值所涉及的相关资源进行图谱化的处理，可以直观且多维度地深入理解其中西合璧的特点，感受建筑背后的文化价值。资源图谱指向核心素养的学生发展需求，契合学校“比德于玉，致和求精”的校园文化精神，以及“精雕细琢”的课堂教学文化。

丁香花园，位于华山路849号，是上海近百年来久负盛名又保存较为完整的花园住宅之一。花园建于辛亥革命初期，占地2.6万平方米，总建筑面积为2934平方米。园内有多座花园式住宅，其中一幢为英国乡村式别墅，一幢为现代式花园住宅。整个花园融西洋派建筑和古典式江南园林于一体。丁香花园是李鸿章幼子李经迈的住宅，是上海早期的花园住宅。因为李鸿章名气大，现在概称“李鸿章的丁香花园”。

丁香花园

第一次鸦片战争，使中国丧失了独立自主地位，开始沦为半殖民地半封建社会，中国社会性质发生了巨大变化。中国的传统建筑文化讲究的是“中和”和“中庸”，这与西方建筑自由和开放的审美观形成了强烈的对比和冲击。第一次鸦片战争失败之后，西方近代工业文明的与先进科学和技术的进入，使中国的传统建筑文化也开始受到西方文化的影响。于是，我国的传统建筑文化开始与西方建筑文化相融合，并且开始转型为更加符合时代要求的新式建筑，丁香花园作为中国现代化过程中建筑西方化的典型性产物。该花园由现代化建筑的开创者之一的美国建筑大师艾赛亚·罗杰斯设计，是一座在洋务运动热潮中应运而生的、新颖的别墅和美式大花园。洋务运动是中国在半殖民地半封建社会性质转型中的被迫选择，仍遗留着封建制度的缩影；中国封建制度是中国建筑文化的基础，所以，丁香花园中仍保有中国建筑文化，造就了中西合璧的建筑风格。

丁香花园建造之初是作为李鸿章家族的私人住宅，1952年改建后，曾作为兴国宾馆分部，20世纪末成为市委老干部局所辖的老干部活动室，现今成为申粤轩酒家所在地。

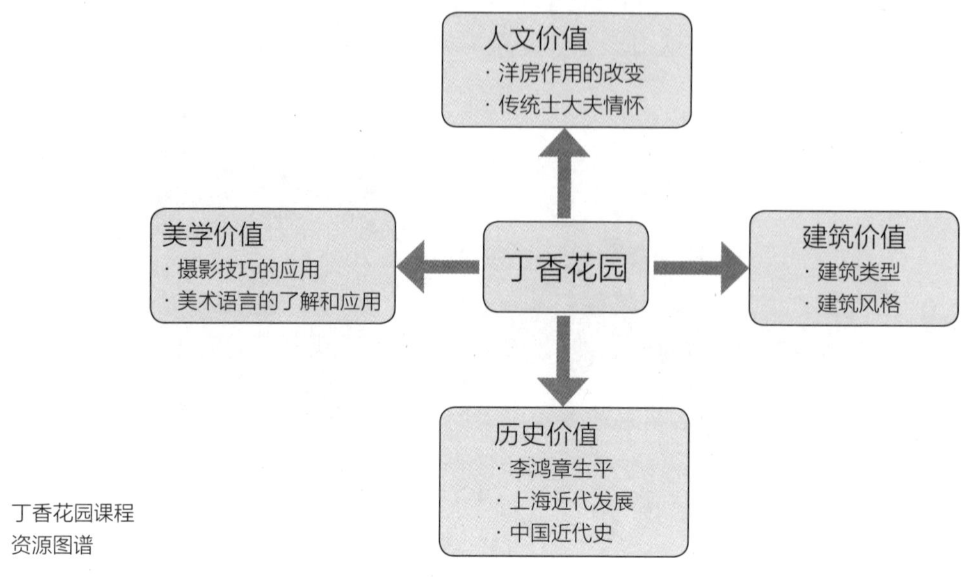

丁香花园课程资源图谱

课　程　赋　能

以立体三维课堂激发学生的学习热情

本课程在设计过程中，改变了单一的师生课堂授课的模式，以立体环境出发为契机，使学生在亲身体验的“户外课堂”中，改变以往的学习认知，能在实践中思考，激发个人的学习热情，从而树立正确的人生价值观。

一、实践得真知：亲身体验的“户外课堂”

“读万卷书，不如行万里路”，体现了学生在学习体验中实践的重要性。学校以此为目标，依托天平社区丰富的地域资源，努力开发具有教育价值的、可亲身体验的“户外课程”，而老洋房以其自身的建筑艺术及其背后丰厚的历史人文价值，为本课程的研发提供了坚实的基础性保证。以本课程中的丁香花园为例，我们可以充分了解到清朝末年，身为清朝大臣之子的私宅，采用了中西结合的设计方式，其内含当时“西学东渐”的思想，也一定程度上解释了后世为何会有长达数十载“崇洋媚外”的情绪，由此，我们可以让学生客观地看待历史，正确地认识到自我与爱国；学生在亲身体验的过程中开阔眼界，在立体式的环境触发下激发学习的热情，在实践中得到真实的感受，以及知识的积累。

二、思考获知识，自主学习的“个人课堂”

学生在普通的实践之后所获取的知识往往依旧匮乏，其重要原因来自于自主学习中方法的缺失。学校针对这一问题，结合丁香花园的实际情况，为学生自主学习“搭建框架”，从宏观的视角切入，进行历史背景资料的梳理，从微观的细节突破，激发学生自主探究意识。学生在“大同而小异”的学习导向中，发挥学习的主观能动性，促进学生不断思考，在自主学习的“个人课堂”中获取知识。如同一千个读者中就有一千个哈姆雷特，每个学生眼中的丁香花园各有不同。课程中我们对所涉及的建筑、文化以及历史等各角度进行设计，学生需要结合自己的思考，对各方面进行精进的探究。

三、感受积极价值：人人共享的“社会课堂”

有赖于上海政府对老洋房建筑的保护，使得学生能够近距离地感受历史所留下的发展痕迹，深入了解建筑背后的名人故事、城市的变迁以及历史发展的规律。对于本课程的学习，对丁香花园的了解、对名人李鸿章的了解，使学生能从中学会尊重历史、人文、自然；同时，以史为鉴，从古到今有所传承。而对大众开放的历史建筑资源，使学生可以与同龄人一同探索学习，又能与父母、长辈等进行交流与探讨，成为人人共享的“社会课堂”。如同丁香花园这样的开放式资源，学生学习与此相关的课程，更需要学生学会与人沟通，在不同的见解中学习，集百家言取其中良言，而这也是在信息时代尤为重要的一种能力培养。学校以此进行不同学习模式融会贯通的探讨，使学生在个人实践的“户外课堂”中，也能获得“同伴交流”“亲子互动”等不同学习模式的体验，更能通过直接的亲身感受与自主学习获得的间接感受，对历史事件进行客观的评价，树立正确的人生价值观。

学　习　目　标

“新时代君子”视野开阔尊重历史

本课程的学习目标是让学生成为具有“仁、义、礼、智”的“新时代君子”，在学校培养目标的基础下，注重历史积淀和文化底蕴，重视中华民族传统文化教育，旨在学生在学习中能够开阔视野，尊重历史，对历史人物能够客观地评价，形成正确的人生价值观。

01 通过欣赏花园洋房和中式园林，了解不同的建筑风格特点，感受中国社会性质变化对于建筑文化的影响。

02 通过对李鸿章的生平解读，了解其对上海发展的影响，感受洋务运动对于社会发展的影响。

03 通过对近代中国史的了解，形成学会尊重历史、以史为鉴的意识，树立奋发图强的爱国志向。

学　程　设　计

丰富多样的学习方法引发学习兴趣和探究意识

本课程围绕“走近李鸿章”“走进丁香花园”“我眼中的丁香花园”三部分展开，通过丰富多彩的学习方法，引发学生的学习兴趣和探究意识，使学生更深入地了解洋房背后的历史底蕴，感受洋房带来的不可复制的人文情怀，将洋房所联系的历史人物和建筑本身的时代特点相结

合，从而使得课程契合学生素养化学习课程的设计内涵。

一、走近李鸿章

这一部分内容着眼于了解个人在历史环境下的发展与影响，使学生了解在中国近现代历史背景下，士大夫阶层意识行为的嬗变，以及在李鸿章推崇洋务运动下对于上海整座城市的发展的影响。从学习进度方面来看，这部分内容是不可或缺的前期知识概览，是学生认知的基础。所谓知人论世，对于学生之后深入了解建筑背后的意义有着至关重要的推动作用。

二、走进丁香花园

这一部分侧重于学生眼见为实，切身的体验。该部分是学生在“户外课堂”中的实践活动，学生依据实践活动单，有序、有目的地浏览丁香花园，对其中有建筑特点的花园别墅建筑以及中西合璧的园林进行观察，对老洋房特点做简要的概括和描述，旨在让学生在社会环境中建立起与历史环境的联系，从而感悟大时代背景下，老洋房背后所显现的历史缩影以及建筑价值。从学习进度上看，属于中期的实践总结，在吸收知识的基础上，进行一定的输出以及对已有知识的运用。

三、我眼中的丁香花园

这一部分的学习内容将重点放在了学习体验后，是对个人学习的总结以及成果的展示。学生在前期知识概览的前提下，对于丁香花园已经有了模糊而初步的概念，经过实地考察之后，有了深入的思考，最后将已知、收获和思考进行汇总并输出，使得学生的学习经历更加深刻和完整。无论对于丁香花园的认识是照片、文字或者是图画的形式，都是学生对上海老洋房建筑价值认识的呈现，对洋房将来发展的思考。从课程学习进度上来说，属于重要的学习输出即后期的成果展示。丰富多彩的学习方式能够提高学生的学习兴趣，引发学生探究的意识，而学习成果的展示则可促进学生的学习内驱力。

课　程　实　施

契合主题的活动实施让学习完整而有意义

本课程的实施过程中，选用契合主题的方式开展活动教学，使校内、校外的教育形成真正的无缝对接，既能够让学生踏踏实实地在校内学习，了解知识性的内容，又能够使学生在走出学校的同时，在实践中提高学习兴趣，运用已获得的知识与技能，养成主动探索、创新的学习品格。

一、搜索学习：自主学习的开始

在课程内容的设置中，“走进李鸿章”和“走进丁香花园”两部分内容均涉及搜索学习，即实践学习之前对于历史背景以及人物生平等有所了解并进行信息整理和归纳。信息的收集、处理能力对整个学习过程都十分重要，所以，在该课程中可以有效地培养此项能力，做到学以致用，使学生在实践中能够结合已搜索整理的信息，开展更有针对性的学习，深入地理解建筑的特点。

“走近李鸿章”这部分内容中，涉及“中国近代史”的概览以及对“李鸿章生平”的了解。对于小学高年级的学生来说，“中国近代史”的概念薄弱，在学生已知知识范围中，仅对中国近代史中一些影响历史发展的战争有些许了解，如“鸦片战争”，纵向的历史进程以及战争对中国社会各方面的影响却知之甚少。因此在本课程的实施中，以中国近代史中的几场影响重大的战争作为搜索学习的起点，通过教师的简单介绍，以及学生利用互联网或者查阅文献的方式搜索信息，自行整理“中国近代史的大事年表”，以几场战争为线索，了解中国在半殖民地半封建社会的历史进程中，国力为何会衰弱，西方列强为何会崛起，从而影响中国的发展，使得学生在自主学习的情况下，对老洋房产生的历史大背景有所了解。在“李鸿章生平”这部分内容的实施中，利用搜索学习以及影视学习相辅相成，搜索学习主要涉及李鸿章的一些基本信息以及浏览其所写的文章、名言等，从而了解李鸿章在近代历史背景下的所为及其影响。

“走进丁香花园”这部分内容中，涉及对于丁香花园名字由来的探讨，以此来了解其背后的历史价值和人文意义，旨在让学生通过互联网和文献资料的浏览以及在信息的搜索整理下，对几种不同的说法进行梳理和对比，最终进行推测和判断，选择出自己认为最合理的说法，采用小报制作的方式进行搜索学习成果的展示。同时，丁香花园中的中式园林和现代式花园洋房的建筑概念，是学生较为陌生的，学生在进行实地寻访之前，通过搜索学习，了解传统的中式园林的建筑特点、组成要素以及现代式花园洋房的不同建筑风格及其特点，为后续的行走学习做好前期铺垫。

二、影视学习：听得到、看得见的学习

影视学习的特点是直观、逼真、亲切，同时，涵盖的知识容量很大，声、色、光、影的融合更能激发学生学习的欲望，也能使学生快速地获取信息。在本课程中，对于李鸿章的认识特别是他对上海城市的发展这部分内容的学习，依托于上海纪实频道“档案”栏目的纪录片《还原一个真实的李鸿章》，教师事先截取纪录片中与课程内容的相关部分，有针对性地指导学生观摩并结合文献资料进行信息整理，完成“李鸿章档案”。

三、行走学习：眼见为实的感悟

行走学习的意义在于学生在接触广阔而真实的世界时，他们对事物的认识或者价值观的树立，会因为在多方面感官体验的触动下有所升华，使得心胸更加宽阔，目光更加深远，内心更加强大，思想更加奔放。而学生只有在真正的生活体验中，才能更好地感悟生活的意义。本课程中老洋房的实地探访就是行走学习的一部分。

丁香花园主要分为三部分，花园、别墅和园林。其中的西式元素主要体现在别墅主体上，如外观、内部结构，花园中巨大的草坪和高大的香樟等。其中的中式元素主要表现在花园大门处的楼房间绕以蜿蜒起伏的矮墙，长百余米，起伏18节的龙墙；园林中曲径通幽，修竹蔽天；园内有湖，湖中有素色琉璃瓦的八角攒尖顶的凤亭，湖边有传统园林的做

法，如旱船、假山等；别墅主体使用的是建筑材料以及金钱图案的装饰花纹等。

学生在行走学习前已经通过查阅资料初步了解了园林、别墅建筑的特点，了解了丁香花园景点背后的历史价值和人文意义，并结合丁香花园的内部情况，做好了从人文、历史以及建筑各角度行走的路线规划。最终，使学生通过领略园林风光，感悟历史古迹，在行走中感悟自然，在行走中了解历史。

在课程前期的校内搜索学习中，学生对“中式园林”有了一定的了解；在行走观赏的过程中，学生能够有针对性的赏评，同时引导学生在行走中发现园林中的“西式元素”，从而对丁香花园“中西合璧”的园林特点有直接的感受，进而有所感悟。在“行走”的过程中，教师引导学生对所观所思进行记录，例如，对“园林中的中西元素”进行分类，将“观”与“思”结合在一起，同时引发学生的思考，为何会出现中西元素合体的园林，而对丁香花园中类似“龙墙和凤亭”“花园洋房”等重要的景点，鼓励学生用镜头记录下眼中的美景，并思考背后的历史意义。在对丁香花园进行整体欣赏后，让学生选取令自己印象最深刻的照片，写下自己独特的感受，和家长、同伴一起分享。

四、项目学习：学习的驱动力

项目学习使学生在真实的项目中，参与到延展性的、复杂的、真实的问题解决中，接受挑战、主动探究，创造出某件作品并完成重要知识的学习。在本课程的设置中，将自我学习和小组学习有机的结合，其中小组学习的课程实施方式以项目学习为主。首先，各小组以对“丁香花园的传说”的探讨这一项目为研究主题，根据组内讨论形成的意见，确定研究的具体内容，而教师在此过程中只能作为指导者。其次，以小组为单位进行学习时间的详细安排，对组内项目学习所需的时间做一个总体规划，做出一个详细的时间流程安排，进而做好活动计划，即对基于项目的学习中所涉及的活动预先进行计划，如搜集哪些信息、人员的具体分工、从什么地方获取资料等。寻找和整合资料的过程是此项目学习的主体，学生大部分关于丁香花园传说的了解、历史事件及其时代背景的知识渗入等，都在该过程得以实现。最后，各小组以手抄报的形式完成作品的制作，并通过展示他们的研究成果来表达他们在项目学习中所获得的知识和所掌握的技能。

五、整合学习：让学习变得完整而有意义

本课程的建设和研究过程中，学校将道德与法治、美术等课程与该名人故居课程进行学科融合，依托于学生对形、色、肌理和空间等美术语言的了解和应用，对树立珍爱生命、热爱生活，爱祖国、爱家乡等情感价值观的认可，可通过美术语言的应用有效提升学生对本课程中建筑方面知识的客观认识和汲取，最后使用美术制作的形式展示学习成果。学生自身初步所形成的情感价值观对本课程背后所富含的人文价值的体会有促进作用。

在课程实施中，“丁香花园手抄报”的制作和展示，借助美术制作的形式来了解丁香花园的历史背景。学生对现代化花园洋房建筑特点的了解过程中，通过“实践学习任务单”的框架搭建，引导学生关注建筑本身的颜色、材料或者建筑设计的细节等。例如，花园中的两幢楼的外在呈现，一号楼呈凹形、三号楼为半圆形，但内外部的结构是相同的，两幢楼的设计上有着许多细节上的一致，如“老虎窗”，借助美术语言中透视图的方式，对建筑的结构会有更直观的认识，对于现代花园洋房的简图的涂色，引导学生观察建筑本身的颜色基调。跨学科的整合，增强了学生对所学知识的融合贯通能力以及已习得的技能的使用能力。

学习不应是割裂的，而应该是融合的。本课程在实施过程中，同样进行了不同学习方式的整合。例如，在课程初期的学习方式，主要采纳了搜索学习与影视学习的方法，以发现问题、聚焦问题为主，通过自主学习，信息搜集整理，从而解决问题，在本课程中对丁香花园的背景认识，以及一些建筑的专业知识由此普及，并以此为后续的行走学习做好铺垫；在行走学习过程中，又借助跨学科的整合，对搜索学习所得有了实践的论证，从而使学生得到“理论与实践的统一”，引发学生进一步的思考，为留白学习奠定了一定的基础，并且因人而异。在行走学习中，学生游览丁香花园的路线可能不一样，但是内容是一致的。学生对事物的关注点会因个人学习经验和实践体验有所不

同，例如，学生对于“园林中的中西元素”“现代花园洋房中中国元素的体现”“花园洋房的建筑特点”等的关注可能不尽相同，但学生由观察后对老洋房背后社会、历史、人文等价值的思考方向却往往是一致的，对于提升民族自信、保护人文历史、激发爱国热情有着很大的促进作用。

课程实施中的整合学习使学生在课程学习中呈现多元化的方式，学习从发现问题、探讨问题、解决问题、实践印证到个人感悟，学习链更为完整；而跨学科的学习工具的使用，知识的融会贯通使学生感受到学习的意义。

六、留白学习：给学生留足够的生长空间

在本课程的实施过程中，先通过以上五种学习方式进行探索，同时，结合留白的学习方式，给学生留下足够的思考空间，供其消化、吸收知识，发现问题；在自主学习的方式中，学校和教师应当给学生留下充分的自学时间，大胆地放手让学生去自学，以调动每一位学生的学习积极性和主动性。而先探索后留白的学习方式也为学生日后形成学术研究的能力打下了基础。

在本课程的实施过程中，我校在“实践学习任务”上做了新的尝试，教师不做统一的要求，更没有标准的答案。在已定的学习主题下，给学生足够的自我思考空间，例如，对“现代花园洋房建筑特点”的了解中，不限制学生的思考空间，无论是建筑的外形、颜色基调，还是建筑材料、建筑元素，都可以成为学生了解现代化花园洋房的扶手，而对于学习思考所得的反馈所呈现的方式同样没有限制，可以是色彩的运用、图式的表达，或者文字的总结说明，只要对自己的学习思考进行输出即可。对于“走近李鸿章”以及“走进丁香花园”两部分内容的学习，教师给予学生充分的学习时间，放手让学生自主地对丁香花园得名的几种说法进行探讨，不否定说法，只要学生能找到资料进行佐证说明即可。在自主学习的过程中，学生发现问题并尝试解决问题，让学生大胆地自学。在行走学习的过程中，又因学生关注点不同而在实践体验中引发了不同的思考，再一次为学生创造了思考的空间。例如，丁香花园从上海滩负有盛名的名人居所到今天成为酒家的所在地，引发了学生对

老洋房的后期利用及其商用价值的研究和思考、丁香花园中随处可见的“中西合璧”的元素引发学生对于时代背景影响社会各方面发展的思考、名人效应对老洋房的价值影响的思考。

本课程的实施其实为学生进一步地自我学习研究进行了启发，在调动学生的学习积极性和主动性的同时，发挥学生的个人特长，学有所同，所获有异，给学生留下了足够的学习生长的空间。

课　程　评　价

评价意识多元、多维、多样

根据本课程的实施目标和要求，对于课程评价的设计，学校遵循价值多元、主体多样、内容多维、手段多样的评价意识；在评价的过程中，综合考查学生求知的态度、获得的知识、学会的技能、探究的过程、学习的成果等多方面表现；在评价方式上，则主要采用自我评价和他人评价相结合；在课程的实际评价中，针对活动任务的过程和成果进行评价和小结。他人评价是由同学或者教师通过多种途径进行公正客观的评价。自我评价较为主观，更注重过程中的态度、兴趣和学习收获的评价；他人评价更注重学习中的协作评价、学习成果的评价。两者相结合的评价更为合理，使参与其中的学生各有各的学习体验和收获。

一、表现性评价

课程前期的资料学习过程中，学生在教师规定的时间段内进行自主学习，最终以学习单的形式反馈效果，教师再对其自学成果进行评价。反馈内容包括：近代中国历史上影响重大的几场战争、李鸿章的生平、丁香花园的传说、现代花园洋房建筑的不同风格和特点以及传统园林的特点。

学习单的评价以教师评价为主，根据学习单的反馈，教师可以对学生在认知基础上进行客观评价。例如，学生对于近代历史上影响重大的几场战争的时间梳理和简要概括，能有效评价其是否对中国近代史有了初步的了解。如果学生对前期知识了解不到位，教师可以及时地给予学生表现性评价，让学生在评价之后，更具有学习的目标性和方向性。这种评价使得教师能够把握学生对前期知识的掌握情况，及时给予学生合理的自学建议，有利于学生在之后的行走学习中对知识的使用。

开放式评价是一种小组交流学习经验的评价方式，以此促进学生学习兴趣的激发，以及同伴之间的互动交流。例如，在进行前期知识性的梳理后，学生以小组为单位展开学习经验交流会，讲述自主学习过程的体会与收获，以及将关于“丁香花园传说”的手抄报进行展示、交流、资料整合等。小组成员在交流过程中，对同伴的知识反馈会有自己的见解，会倾听伙伴的发言，并发表自己的看法，认同或存疑都是开放式评价的合理结果。

二、过程性评价

过程性评价注重学习者在学习过程中的学习态度、兴趣、总结与反思，在完成“丁香花园”手抄报的项目学习中，学生对丁香花园得名原因进行探讨，教师对学生有价值的学习结果，予以过程性的肯定，包括学习态度、学习兴趣的呈现等。除此以外，注重评价学生的学习意识，例如，在项目学习中，教师对小组成员之间沟通情况的观察，并做出团队意识水平的评价；行走学习中，即在丁香花园实地考察中，对文明浏览以及有序开展活动进行规则意识的评价。

学生自评是过程性评价的主体，例如，在前期自主学习的展开过程中，学生自主搜集信息、了解中国近现代史的概况、李鸿章的生平等过程中学习态度和学习兴趣的自我评价，学生根据自己在学习过程中的体验和真实感受，给予相应的评价，而对于知识性概览则可以用“完全了解”“有些了解”“不太了解”来予以区分。教师的过程性评价为辅，例如，在学生前期的搜索学习中，教师主要对学生的学习反馈进行定量和定性评价，即通过学生完成“李鸿章档案”“中国近代史学习反馈单”等了解学生的学习情况。同伴评价是过程性评价中学习者相互学习、相互激励的重要部分，注重在整个学习过程中对他人的关注，客观的评价有利于共同学习、相互进步，如学习小组共同完成“丁香花园手抄报”

以及小组进行丁香花园的参观，同伴之间对于学习态度、意识以及成果等方面的评价。

三、评选性评价

在本课程实施评价的过程中，学校将项目学习的反馈成果，即“丁香花园的传说”手抄报进行评选，选出学生心中最喜欢的手抄报。评选的意义在于肯定学生的学习成果、激发学生的学习兴趣、营造出活跃的学习气氛。同时，评选性的评价也是学习交流的一种方式，在票选的过程中，以小组为单位能发现其他小组的项目研究方向以及具体的项目实施。而学习者能从成果的展示上汲取到丰富的知识，对丁香花园的得名有更深入的了解，在不同的主题选择和论证过程中，学习者有了进一步的思考，从而引发新的学习研究方向。同时，评选性评价还包括学习成果“丁香花园摄影展”中“我最喜欢的照片”的评选，这是对学生个人在经历了深刻的学习体验之后个人思考内容的呈现。对于参与该课程的学生来说，共同的学习体验让他们对摄影作品有“共情”的部分，同时，也有“互补”的部分。而评选的过程是对学生学习能力以及学习收获的肯定。

评选性评价在本课程的实施中，对于学生者来说，是一种对比学习，有利于学习面的拓展，以及在对比中激发学习动力。而其呈现的方式则与小组为单位的操作有所不同，例如，手抄报内容上的不同、美编的设计、排版的整合、照片内容的选择、摄影技巧的体现以及照片背后含义的提炼等，是一种多元化学习的体现，给予了学生展示的舞台，又是学生知识和技能结合应用的呈现。

四、展示性评价

在本课程的展示性评价中，有小组展示形式，即手抄报的展示；同时，这中间又有个人的展示，如“丁香花园的摄影展”，这部分评价应当与评选性评价有机结合。“手抄报”展示是课程中期阶段性的成果展示，是对学生阶段性学习的肯定，推动学生在课程开展过程中更具有学习动力。而摄影展是展示活动课程成果的最终呈现，教师、同伴以及家长都可以自由地欣赏学习者的作品。教师可以通过手抄报以及摄影展，形象直观地评价学习者的学习成果是否达到所预定的基本目标，学生可以在展示性评价收获成功和快乐，从而促进学生综合学习能力、道德品质、艺术修养和个性情感各方面的提升，树立学生大胆、自信、积极向上的进取精神，使学生在课程的学习中展示其智慧和才能。

课程活动评价单

评价方式	评级内容	成果
自评	我了解了近代中国历史上影响重大的几场战争	
	我了解了李鸿章的生平	
	我了解了丁香花园的传说	
	我了解了丁香花园内建筑的不同风格和特点	
	我观赏了园林，感受到了中西合璧的园林特色	
师评	“中国近代史学习反馈表”	
	“李鸿章档案”	
	“丁香花园实践学习任务单”	
评价说明： 根据相应的评价内容，请你在“成果”处贴上对应的图案。 完全了解：☺ 有些了解：😐 不太了解：☹		

执笔　唐益玲

上海市第五十四中学

岁月留声，百年红楼

上海市第五十四中学地处徐家汇地区，位于徐家汇公园内的小红楼，是学生们非常熟悉的一座老洋房建筑。学生们对它的了解大多停留在建筑外观和几经更迭的功能上，对建筑背后的人文历史和艺术价值却知之甚少。因此，本课程以语文、历史、音乐和探究等学科为切入点，设计了形式、内容均丰富多彩的活动，旨在让学生在参观、寻访小红楼的过程中，了解、探究并挖掘该建筑背后的人文历史和艺术价值。

无论是20世纪30年代车水马龙的十里洋场，还是如今霓虹迷离的东方明珠，上海这座城市在时代的洪流中飞速发展，在日新月异的变化中留下了一些见证城市变迁的建筑，老洋房便是其中的代表。在经历了无数的风雨之后得以存留，它们成为了时代的物化形态和历史遗存，它们赋予上海这座城市高贵、庄雅的肌理，岁月的浸润洗礼，传说的扑朔迷离，让这些老洋房更显古老与神秘。徐汇区衡复风貌保护区中老洋房鳞次栉比，五十四中学校区分别位于康平路、复兴中路，优越的地理位置为师生们研究老洋房的历史与文化，提供了丰富的资源和便利；而对这些老建筑的深入研究，不仅能让师生更加了解自己所生活的这座城市，还能激发他们对于这座城市过去、现在和未来的追溯、思考与展望。

资　源　地　图

中国唱片业的摇篮

小红楼位于衡山路811号（徐家汇公园内），建于1921年，是一座三层高的法式小洋楼，因其红瓦坡顶和周身红砖墙面被称为“小红楼”。小楼的红瓦坡顶分两折，屋檐下以牛腿木托架作为承托，这一设计富有独特的装饰感。两层的楼房冠以楼顶的假三层，窗户高大亮敞呈直角。小楼的红砖外墙通体是水泥垂直面，外墙的隅角如同文艺复兴式以角棱作为装饰。走进小红楼，令人有一种空间转换的感觉。迎面可见的楼梯左右分叉，各自转节而上，楼道十分宽阔，间距有2米多。由于经历百年沧桑和岁月更迭，小红楼内的家具和装饰大多已面貌有异，但有一些历史的“痕迹”仍被有心人完整地保存。例如，整栋小红楼内9个式样各异的壁炉，墙壁上随处可见的曾于20世纪在小楼里灌制的老唱片，以及曾在这里工作过、辉煌过的名人的传记和肖像。

值得一提的是，小红楼虽是老洋房，但楼内房间的分割与设计以实用为主，合理而大方，壁饰中隐隐约约透露出一丝东方艺术的气息。建筑室内风格和室外一样，讲究纯朴自然，讲究空间本身的艺术效果。作为东方百代唱片公司的中枢神经，小红楼的底楼曾作录音及招待之用，二楼是编辑室和歌手休息室，三楼则是公司老板的起居室和卧室。在底楼的墙上至今还悬挂着一个“录音须知细则”的镜框，落款是1983年。

小红楼

小红楼的历史可追溯到20世纪，30年代为法国的东方百代唱片公司（EMI），新中国成立后为上海唱片厂，80年代初为中国唱片公司上海分公司，小红楼的变迁可谓见证了中国百年唱片业的发展。聂耳、冼星海等人曾在此工作，戏曲表演艺术家梅兰芳、谭鑫培和影星周璇、阮玲玉都曾于此留声录片。中国国歌的前身《义勇军进行曲》也是在这里诞生的。2002年，在上海市政府建设徐家汇中心绿地时，小红楼因其宝贵的历史价值而被保留了下来，并成为徐家汇中央绿地唯一的一栋来自20世纪的文化遗

唱片刻纹机

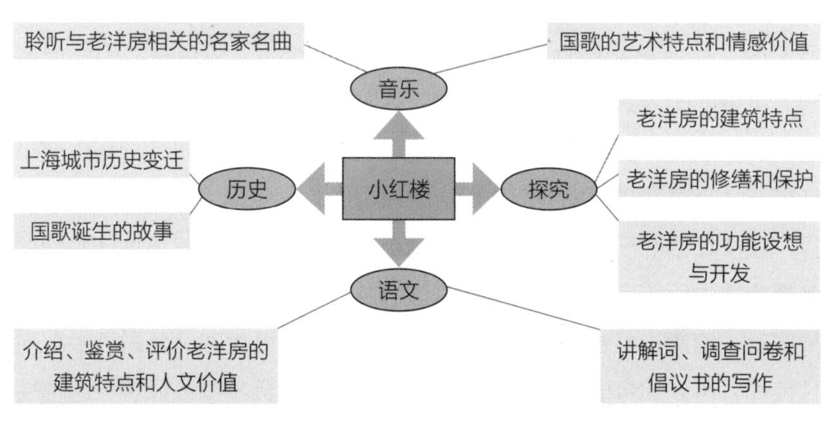

“小红楼”课程资源图谱

产。现今，小红楼已经完成了它作为唱片公司的使命，被改造成了高档餐厅和酒吧，作商业用途，内部不开放对外参观。

课程赋能

城市人文历史研究的“活史料”

坐落在徐家汇公园内的小红楼，靠近学校主校区，学生们对此建筑并不陌生。本课程将以多种学科为切入点，通过形式多样的活动，让学生们真正地走近小红楼，对其进行由外到内、逐层深入的考察和探究，在寻访老洋房的过程中挖掘隐藏在建筑背后的城市命脉和历史文化。

从建筑外观上来看，小红楼既有老洋房普遍具有的特点，又有独特的设计风格，学生虽然无法走进其中，但通过对其外观的细致观察，还是可以对当时老上海洋房建筑的特点有一个大致的了解。无论是通过摄影、绘画，还是写作与表达，小红楼的建筑特点在画纸与语言文字中的再现，便是多学科打破界限，融合统一的过程。从历史的角度来说，小红楼名称和功能的更迭，折射出的是上海城市的变迁与发展史，学生所处的时代虽然离那些岁月非常遥远，但日新月异的科学技术给他们提供了走近建筑、走近城市、走近历史的机会和可能，在探寻红楼背后人文历史的过程中，学生们不但能对自己所处的城市有一个更为深入的了解，还会对自己所生活的这座城市产生更为深刻的依恋和喜爱。作为国歌前身《义勇军进行曲》的诞生地，小红楼还可以称得上是一个红色德育资源。社会主义核心价值观中将“爱国”作为公民最基本的价值准则，可身处国内的学生对于如何把“爱国”两字落实到具体的行动中还是一头雾水。本课程恰好给他们提供了一个切实可行的机会，在探寻小红楼与《义勇军进行曲》诞生始末的过程中，学生得以重温那段峥嵘岁月，在小红楼前高声歌唱国歌的仪式中，学生能够身临其境地体会到那激昂旋律中所传递的民族精神和爱国情感，这便是对“爱国”两字的一种践行。追溯小红楼的“前世今生”，从曾经的百代唱片公司到中国唱片公司，再到如今的高档酒吧和餐厅，它的衰退无不令人叹惋，这也是如今大多数老洋房的“命运”。衡复风貌保护区对老洋房的保护和修缮很大程度上挽救了许多老洋房的“悲剧”，而本课程也给学生提供了一个“拯救”小红楼的机会，无论是社会调查问卷还是倡议书，目的都是唤醒市民对老洋房的关注。建筑是城市历史的“活地图”，老洋房更是上海城市历史研究的宝贵资源，这样的“活史料”不该因为商业用途而把人“拒之门外”，本课程希望借助学生大胆而又合理的设想，给上海市民一个重新“走进”小红楼的渠道。

学　习　目　标

激昂旋律中的家国情怀

本课程旨在通过对小红楼的参观、寻访以及相关资料的搜集、整合，让学生了解小红楼的建筑特点，探寻建筑背后的人文历史和艺术价值，在了解国歌诞生及重温国歌的过程中激发民族精神和爱国主义情感，在对小红楼功能开发的设想与规划中关注老洋房的修缮与保护，在形成研究报告、讲解词、调查问卷和倡议书的过程中训练并提升语言表达能力和应用文的写作能力，初步培养形成问题、主动探索、创新实践的研究意识和学习方法。

01 通过实地参观和社会调查，学生了解小红楼的建筑风格，并对小红楼的功能开发提出研学后的设想和倡议。

02 通过资料的搜集、整合，梳理与小红楼有关的名人、名事和音乐作品，探寻建筑背后的人文历史和艺术价值，从中感受上海城市的变迁与海派文化的精髓。

03 通过对《义勇军进行曲》诞生过程的了解，品味国歌的艺术特点和情感内涵，激发民族精神和爱国主义情感。

学　程　设　计

探寻过去触摸现在感知未来

衡复风貌保护区总面积7.66平方千米，其中徐汇区域占地4.3平方千米，有950幢优秀历史建筑，1774幢保留历史建筑，2259幢一般历史建筑，这一连串的数据彰显着我们所生活的这一片土地拥有着极为深厚的历史人文底蕴，它也是上海城市文脉的一处重要发源地和承载区。位于康平路的本校区与复兴中路校区地处衡复风貌保护区内，周边历史建筑鳞次栉比，其中尤以蕴含着丰富人文价值的老洋房为代表。利用这一地域资源优势，我校以徐家汇公园内的小红楼为范例，通过本课程的开发和实施，进一步探究老洋房等历史建筑所蕴藏的人文历史底蕴和其所承载的城市文化脉络。

本课程的进程主要围绕“红楼剪影”“红楼漫步”“岁月留声”“国歌诞生”和“红楼畅想”五个维度展开，通过跨学科学习的方法，以小红楼为范例，激发学生对老洋房等历史建筑的兴趣，引发学生对老洋房历史人文底蕴的探究和思考，唤醒学生对老洋房修缮与保护的关注。

“红楼剪影”主要着眼于对建筑相关的资料进行收集和整理，在此基础上初步了解小红楼的建筑特点和历史变迁。

“红楼漫步”侧重于让学生在实地参观的过程中，以摄影、写生或写作等方式深入了解、再现小红楼的建筑风格。

“岁月留声”旨在让学生通过调查、寻访等方式，深入探寻与小红楼有关的代表人物、事件和音乐作品，进而挖掘建筑的历史人文价值。

“国歌诞生”聚焦于探究聂耳及《义勇军进行曲》的创作及录制过程，借助音乐、影视欣赏和国歌重唱等活动激发学生的爱国主义情感。

“红楼畅想”将目光放眼于未来，学生在进行社会问卷调查、写作倡议书的过程中，对小红楼功能的开发展开设想，以此引发人们对老洋房文化保护与传承这一话题的思考。

课　程　实　施

多种学习方式，挖掘小红楼的文化价值

在本课程的实施过程中，主要结合“红楼剪影”“红楼漫步”“岁月留声”“国歌诞生”和“红楼畅想”五个主题，选择契合主题而又形式多样的活动展开教学，使学生能够在参观、寻访小红楼的过程中，对建筑背后所蕴藏的人文历史有深入的研究和思考，从中增强对民族文化、城市文化和地区文化的认同感和自豪感，并养成一定的研究意识和学习方法。

一、红楼剪影

诞生于1921年的小红楼，曾是百代唱片公司的中枢神经，又是中国唱片史的见证者，它是音乐和建筑的完美结合。中国现代艺术史上几乎所有的重量级人物都曾在这里留下足迹，著名作曲作词家黎锦光、冼星海、陈歌辛、姚敏、陈蝶衣、严华、李厚襄、严折西、刘雪庵；“金嗓子”周璇、白虹、姚莉、龚秋霞、李香兰、白光、吴莺音、张露、欧阳飞莺等响彻全上海的流行歌唱家；著名影后胡蝶；闻名遐迩的戏曲表演家梅兰芳、谭鑫培等都曾以能在小红楼里录制唱片为荣。由黎锦光作词作曲、李香兰首唱的《夜来香》就是在这里创作的，由陈歌辛创作的风靡美国的《玫瑰玫瑰我爱你》最初也是在这里录制的，这些歌曲都是西方音乐与中国民间音乐的完美结合。直到近几十年，许多音乐人还是将小红楼作为录制唱片的首选地，罗大佑演唱的歌曲《恋曲2000》《上海之夜》里的弦乐、合唱，由巩俐主演的电影《摇啊摇，摇到外婆桥》的插曲都是在这里录制完成的。

本课程的第一个板块，主要内容是查找、收集并整合小红楼的相关资料，初步了解其建筑特点和人文历史。在这一板块的实施过程中，主要采用了搜索学习、影视学习等方式。

（一）搜索学习

在现代学习中，搜索是学习者的一项必备技术、一种重要的学习方

式。学生的搜索学习是探寻问题的过程，是聚焦问题展开学习并解决问题的行为。由此可见，在课程的实施过程中，搜索学习是一种必不可少的、方便高效的方式。

对于刚开始接触本课程的学生而言，对小红楼的认知或许只停留在建筑漂亮的外观上，而对于建筑背后的人事变迁鲜有所闻，更不必说建筑所蕴藏的历史人文底蕴了。因此，在课程这一板块的实施过程中，学生可以尝试调动自己对小红楼已有的了解和认识，初步形成一些可聚焦的问题，确立一定的研究方向。在此基础上，学生继而借助图书馆、互联网等渠道对问题进行搜索，例如，小红楼的名称变革、小红楼的选址及建成、小红楼的建筑风格、小红楼的历史变迁、小红楼里的那些人和那些事，等等。在搜索学习的过程中，学生应当根据自身的兴趣和研究的需求，在庞杂的信息中筛选出与课程密切相关的内容，去粗存精，收集整理出解决自己问题所必需的信息和资料，尤其是对辨别能力和认知能力还较为薄弱的学生而言，教师有责任也有义务在学生搜索学习的过程中对他们进行一定的指导和提醒，以避免由于过度依赖互联网和外在信息搜索而造成的内在研究、思考主观能动性的丢失。

（二）影视学习

对于我校“小红楼”课程的学习来说，影视学习是一种好方法，它具有可视性、直观性等优势，影视资料中丰富的表情、手势、动作、语言和其他诸多形象的视觉、听觉线索，都能够帮助学生理解特定时代、特定地域的文化，所有这些超越书面文字的特征都能够帮助学生看见、听见那些文字所无法表达的东西，而这些东西有时对学习恰恰非常重要。因此，对于许多与那个年代生活距离遥远的学生来说，在搜索学习的基础上，影视学习是一种非常重要的辅助方式，它不仅能够帮助学生更直观、更形象地理解“特定的文化”，还能进一步激发学生的研究兴趣。

在课程这一板块的实施过程中，教师可以组织学生观看并欣赏京剧大师谭鑫培的《洪羊洞》《卖马》、梅兰芳的《贵妃醉酒》《霸王别姬》、越剧名伶傅全香的《李香君》《梁山伯与祝英台》、著名作曲家聂耳的《大路歌》《毕业歌》《码头工人歌》《金蛇狂舞》《翠湖春晓》、老上海经典歌曲《夜来香》《玫瑰玫瑰我爱你》、新中国成立后在红楼中录制的《我的祖国》《黄河大合唱》《红太阳》、歌手罗大佑的《恋曲2000》《上海之夜》等音乐作品，以及《风云儿女》《摇啊摇，摇到外婆桥》等影视作品，从而将与小红楼有关的文献资料与丰富的图像音像资料相结合，对建筑的历史人文价值做更加多维的、立体的挖掘和探索。在实施影视教学这一方式的过程中，教师同样要给予学生一定的指导，例如，在选用影视资料时，教师要注意兼顾影像本身的内容、课程的主题以及学生的兴趣和接受程度；在准备阶段，教师应当提前观看影像资料，根据不同的学习目的和研究方向选择适当的播放方式，对有探究价值的影像片段进行批注或截取；在观影前，教师可以设计若干的问题，让学生明确观影过程中的任务，并提醒学生观影时做好笔记，从而达成较好的影视学习的效果。

二、红楼漫步

本课程的第二个板块，主要内容就是对小红楼进行实地的参观和寻访，仔细观察其外部的建筑风格与特点，根据图书、影像和网络资料还原其内部设计与布局，选取建筑的局部进行摄影或写生，并用生动、优美、细致的语言文字描述小红楼的“建筑美”。在这一板块的实施过程中，主要采用了场馆学习、行走学习等方式。

（一）场馆学习

场馆作为一种文化传承的社会性机构，肩负着面向社会公众，尤其是青少年群体普及科学文化知识的责任。在一定的程度上，场馆是课堂的有效延伸，是课程的有效载体。场馆学习作为一种非正式学习的重要形式，其特点主要表现为情境性、自主选择性、主动探究性和结果输出的多元性。探究小红楼的历史人文底蕴，我们必须要从它的外部建筑风格入手，这就要求学生必须走近场馆。

在课程这一板块的实施过程中，教师将学生分为若干个学习小组，对徐家汇公园内的小红楼进行实地参观，用摄影、写生等方式记录观察的过程和结果，根据照片或绘画形成一定的文字描述。借助信息技术构筑虚拟场馆将成为未来场馆学习的新趋势，虚拟场馆的建立将切实解决场馆中一些资源难以陈列、资源结构不合理、地域分布不均衡等问题。虽然小红楼现已完全作为商业用途，不开放内部参观，但虚拟场馆的存在，使得学生可借助在第一板块中搜索整合的文献资料和影像资料，还原小红楼的内部设计，从而对该建筑的设计风格和特点有一个由外到内的整体认识。在场馆学习中，学生可以领略到小红楼的“建筑美”，更重要的是，在此基础上，教师可引导学生深入探究“衡复”区域内老洋房在建筑风格上的共性和特色。

（二）行走学习

对于本课程的学习，其方式和途径不局限于静态的书本，实践性的教育活动更适合于本课程的学习。基于这样的现实，学校探索在本课程的实施中，选用“行走学习”的方式，通过引导学生在深入实地、亲近学习“小红楼”及曾经在此工作过的名人等，以此了解、感知“小红楼”风云变幻及其相关名人的事迹。

在课程的实施过程中，学生可以遵循“我知道、我行走、我感悟”的设计原则，在“行走”前做好充分的预习和准备，例如，了解小红楼及其所在的徐家汇公园内其他景观的基本情况，查阅和小红楼同一时期的其他老洋房的建筑风格和特点，确立可与小红楼建筑风格形成比较的具有代表性的其他老洋房，等等。在“行走”的过程中，学生可以形成小组，明确各成员的任务和分工，各司其职，团队合作的形式做好观察、鉴赏、摄影、写生和记录的工作，找准切入点，如小红楼整体建筑的流派和特点、两折坡顶的构思、红砖墙面的设计、室内壁炉的布局及各种装饰的点缀等，从而进行深入的思考和研究。在“行走”后，将自己独特的感悟以语言文字的形式呈现出来，与师生分享。

三、岁月留声

矗立在徐家汇公园内的小红楼虽不会言语，但在上海人的集体记忆里，它却是流淌的音符和旋律的化身。它见证了录音唱片传入上海的历史，也亲历了岁月的动荡和时代的变迁。

本课程的第三个板块，主要内容是通过访谈和社会调查，进一步梳理小红楼的建造和历史变革，收集、梳理并归纳出与小红楼有关的代表人物、事件和作品，从中选取2～3个做深入研究，从而对该建筑的人文价值进行评述，研究结果可以PPT或演讲的形式呈现。在这一板块的实施过程中，主要采用了实践学习、项目学习等方式。

（一）实践学习

陆游在诗中有云："纸上得来终觉浅，绝知此事要躬行。"人非生而知之，要求得知识，一靠学习，二靠实践，离开了实践，学习便成了无源之水、无本之木。从某些方面来说，实践亦是一种学习，而社会实践则是课程实施的一种重要方式，它能够促进学生了解社会、了解国情，从而增强社会责任感、奉献于社会。

在完成前两个板块的搜索学习、影视学习、场馆学习和行走学习之后，学生已经积累了丰富的研究资料，对建筑的外显特点有了一定的了解。对于如何探究小红楼的历史人文底蕴，学生们已基本确立了大致的方向和角度。在课程这一板块的实施过程中，学生可以根据研究的主题和角度提出问题，然后带着这些问题开展社会实践，在人物访谈和社会调查的过程中探寻问题的答案。例如，京剧大师与小红楼，"金嗓子"周璇与小红楼，国歌的诞生，从百代公司到中国唱片公司，《夜来香》《玫瑰玫瑰我爱你》等经典歌曲的录制及流行，等等。然后，整合访谈和调查的结果，结合研究的主题探究小红楼所蕴藏的人文价值，形成属于自己的研究报告，用有目的、有意义的实践活化学习的成果。

（二）项目学习

项目学习强调以问题解决为中心、多种学习途径相整合，是一种以学习者为中心的教育模式。项目学习的操作程序可以分为选定项目、制订计划、活动探究、作品制作、成果交流、活动评价六个步骤。

在课程这一板块的实施过程中，学生可以结合已收集整合的资料，确立研究的主题，选定研究的项目；接着，对该项目研究所需要的时间和活动安排做一个总体的规划；通过具体的活动探究，学生获取与小红楼人文历史相关的知识，并获得一定的研究技能和技巧；然后，运用在学习过程中所获得的知识和技能撰写研究报告，评述小红楼的历史人文价值；最后，通过PPT和演讲的形式展示研究成果，分享交流研究过程中的收获和感悟。需要注意的是，在整个项目学习的过程中，教师始终承担指导者和建议者的角色，不得指示管理学生的学习和研究。

四、国歌诞生

带有时代烙印的音乐曾在小红楼留下许多浓墨重彩。1934年，时任百代唱片公司音乐部主任的聂耳，在这幢小红楼里创作了《大路歌》《毕业歌》《码头工人歌》《金蛇狂舞》《翠湖春晓》等闻名遐迩的歌曲和乐曲。1935年，也正是在这幢小红楼里，聂耳和田汉为电影《风云儿女》创作录制了主题歌《义勇军进行曲》，唱片模板至今仍被中国唱片总公司保存。新中国成立后，这一首在小红楼中录制的《义勇军进行曲》被定为中华人民共和国国歌。

本课程的第四个板块，主要内容就是组织学生通过搜索学习和影视学习了解聂耳及《义勇军进行曲》的创作和录制过程。在此基础上，撰写讲解词、模拟场馆讲解的真实情境尝试现场讲解。最后，在国歌诞生地——小红楼前，庄严地唱响国歌，重温那段峥嵘岁月，体会那些激昂旋律背后所包含的民族精神和家国情怀。在课程这一板块的实施过程中，主要采用了服务学习、仪式学习等方式。

（一）服务学习

服务学习，顾名思义，就是通过学校与社区的合作，把学校的课程和社区的服务联系起来，学生在参与精心设计的服务活动过程中，满足社区的实际需要，同时培养自身的社会责任感。学生在服务中不仅能够学会与他人合作，还可以获得知识和技能。可见，服务学习在本质上也是一种学习方式。

在开展实际服务之前，学生应对服务活动的背景、目标和实施过程预先了解。在课程这一板块的实施过程中，学生应当在搜索学习和影视学习的基础上，充分了解聂耳及国歌诞生的过程，并模拟场馆讲解的场景撰写以《小红楼与国歌诞生》为主题的讲解词。接着，学生可以走近小红楼，模拟真实情境，以同伴或教师为对象进行现场的景点讲解。

反思是服务学习的重要组成部分，所以，在初次讲解之后，教师可以安排一定的反思活动，帮助学生对课程学习和服务经验进行整合。然后，学生再次走近小红楼，模拟真实情境，以市民或游客为对象，进行现场的场馆讲解志愿服务，从而将在课程中所学的知识和技能运用到真实的服务实践中。在这样的服务实践中，学生不但学会了了解社会、关注社会，还能从活动中培养社会责任感。

（二）仪式学习

学习有时需要一些仪式感，从心理学上来说，人会借由仪式感来给自己一种强烈的自我暗示，这种自我暗示能够促使自我发生变革，从而迅速提升自己的专注力、反应能力和运动能力。所以，仪式学习是学生精神发展、思想发展的燃料，可以唤醒学生对生命和人生的体悟。

在课程这一板块的实施过程中，教师可以根据学生对课程的学习情况，精心策划并组织在小红楼前高唱国歌等的仪式。在策划、组织和实施的过程中，务必使每一个环节和细节都体现出仪式的庄重感，例如，提醒参加仪式的学生穿着校服并佩戴好红领巾，仪式开始前在小红楼前疏导人群并悬挂国旗，仪式进行过程中要求学生高声唱响国歌并注视国旗、行队礼，唱歌前后保持现场的安静和肃穆，等等。在国歌诞生地重唱国歌，这样的仪式学习不仅能够引发学生体悟国歌激昂的旋律背后所包含的中华民族的不屈和抗争精神，还能唤醒每一个中国人心中的家国情怀。

五、红楼畅想

相关资料显示，徐家汇公园于2001年开放，占地面积8.65公顷。公园2000年开始建设，一期为原大中华橡胶厂地块，二期是原中国唱片厂地块，三期为宛平路周边旧居民住宅地块，整个公园的设计布局呈上海版图形状，公园内有河流穿过，并模拟黄浦江等水域，有近200米长的天桥贯通公园。作为徐家汇源景区的核心，公园内最醒目的景点是矗立在门口的原大中华橡胶厂烟囱，而最有文化气息的景点则是隐藏在郁郁葱葱中的小红楼。小红楼不仅是中国百年唱片业发展的见证者，还是国歌前身《义勇军进行曲》的诞生地。然而，如此富有历史人文底蕴的小红楼如今却被改造成高档的餐厅和酒吧，楼内原本的布置和装饰基本被破坏，充斥着商业气息。市民和游客很难再走进小红楼，也很难有机会对这座老洋房背后的人文历史一探究竟。

本课程的第五个板块，主要内容是让学生在开展社会问卷调查的基础上，了解市民对小红楼功能开发的设想；然后，以市民小代表的身份，给徐汇区旅游局写一封倡议书，提出市民对小红楼功能开发的展望。此项活动旨在引发学生对“老洋房历史文化风貌保护与传承”这一主题的关注和思考。在课程这一板块的实施过程中，主要采用了整合学习、留白学习等方式。

（一）整合学习

整合学习是社会实践教育活动的一种重要学习方法，在本课程的推进过程中采用整合学习的方式，包括学科内的整合、学科间的整合、学科与生活的整合以及学习方式的整合。在课程这一板块的实施过程中，学生可以整合建筑、音乐、历史和语文等学科资源，整合搜索学习、影视学习、场馆学习、行走学习、实践学习、项目学习、服务学习、仪式学习等学习方式的研究成果，整合课程知识与自身在学习过程中的实际体悟，整合理论与实践，对小红楼的历史人文价值有一个完整的认识。在此基础上，学生可以整合语文学科内调查问卷的拟定、倡议书的写作等表达方式，对小红楼的功能开发进行合理的设想和展望，例如，小红楼可被保留改造为唱片博物馆，用来介绍、展示中国唱片业的发展史；小红楼可被改造为录音棚，用来翻录老唱片或录制当代流行音乐；小红楼可被改建为聂耳及国歌诞生陈列馆，用来展示、陈列《义勇军进行曲》的创作和录制过程。

（二）留白学习

“留白”是一种艺术手段，“留白学习”则是一种艺术性教育方法的创新，它不是一件简单、随意的事情，它是一种需要掌握火候、精心设计的学习方式。在课程这一板块的实施过程中，学生对小红楼的历史人文价值已经有了比较充分、完整的认识，所以在学习的尾声，教师应给学生提供足够的“留白学习”的思考空间，给学生消化、吸收知识和发现问题、驰骋想象的广阔天地。同时，给学生留下充分的自学时间，大胆地放手让学生自学。这样的留白学习，可以调动学生的学习积极性和探究的主动性，让学生对老洋房系列课程的学习和研究产生兴趣和动力，从而让学生能够真正发现自身学习的潜力。

课　程　评　价

多元评价，传承小红楼背后的城市精神

本课程遵循多元的评价原则和评价方法，在评价的过程中，教师应综合考察学生的专业技能、探究过程、学习能力、认知水平、团队合作

等各方面的表现。对于评价的主题，教师可采取自评与互评相结合的方式，针对学生在各板块活动中的表现和收获，以打星的形式进行评价。自评是由教师确定活动的目标、主题与评价方式、标准，学生根据这些要求对活动表现进行自评。互评则先由组内学生通过多种途径进行互评，在此过程中发现他人在活动过程中的长处和不足，从而进行学习和反思。这样多元的评价方式更为民主、公正、合理，对于在课程学习过程中表现较为优秀的同学，学校可给予相应的奖励和表彰。

一、过程性评价

在本课程的评价过程中，在“红楼剪影”“红楼漫步”“红楼畅想”等板块，主要侧重于过程性评价。教师可利用自评和互评的方式，就学生在搜集、整合小红楼资料中的表现进行评价，就学生在实地参观小红楼后对建筑特点进行再现的过程进行评价，就学生在研究过程中小组分工是否明确、团队合作是否有效、参观是否文明有序、访谈调查用语是否文明规范进行评价。这样的评价方式，可以使学生逐步把握正确的学习方式，树立正确的学习动机，掌握适合于自己的学习策略，从而真正提高学习与研究的质量与效果。

二、表现性评价

在实施表现性评价时，教师应让学生在真实或模拟的环境中运用所学的知识解决某个新问题或创造某种东西，以考查学生对知识与技能的掌握程度。

在本课程的评价过程中，在“岁月留声”这一板块，主要侧重于表现性评价。教师可利用自评与互评相结合的方式，就学生在选取2～3个与小红楼相关的代表人物、事件和作品进行深入探究后所形成的PPT、书面报告或主题演讲进行评价，从中考查学生对小红楼历史人文价值的挖掘深度和广度，以及学生在学习与研究过程中思维能力、创新能力、表达能力和实践能力是否得到了提升和发展。这样的评价方式，具有一定的指向性，能够帮助学生明晰学习和研究的目标，可以评价学生“做”的能力，比较注重学生在研究过程中知识技能整合与综合运用能力的培养和提升。

三、真实性评价

真实性评价是一种要求学生通过完成真实任务，展示对所学知识掌握情况以及技能运用的评价方式。教师可让学生运用所学完成真实世界或模拟世界中一件有意义的任务，以此考评学生解决问题、交流合作和批判性思维等多种复杂能力的发展情况。真实性评价追求的是一种直接评价的方式，即可以提供有关知识和技能的直接证明，而不是像传统测试一样仅提供间接的数据。“真实性评价”的方式，可以帮助学生初步构建情境适应力，它集中关注学生的分析能力、综合所学知识的能力、与他人合作的能力以及书面或口头的表达能力等。

在本课程的评价过程中，在“国歌诞生”这一板块，主要侧重于真实性评价。教师在组织学生了解聂耳及国歌诞生的故事后，利用课程的这一板块为学生专门打造一个“真实的情境”——场馆讲解。学生在学习与研究的基础上为场馆撰写讲解词，并投入“真实的情境”进行实地的场馆讲解。教师可以通过自评与互评相结合的方式，对学生在“真实情境”中的适应能力、分析问题与解决问题的能力、综合所学知识的能力、团队合作能力以及口头表达能力进行评价。这样的评价方式，强调学生的亲身参与，注重考查学生在“真实情境”中对知识的理解和实际应用能力，从而真正实现对学生学习过程的关注、反馈和改善，并据此实现对学生发展的综合评价。

执笔　王旭华

上海市位育实验学校

探寻文学记忆，绘筑文艺柯灵

上海市位育实验学校坐落于徐汇区衡复风貌保护区的长乐路上，是一所实验性九年一贯制的公办学校。学校发扬“生长·创造”的位育精神，坚持以人为本，立德树人，以“细节德育”促进学生良好习惯的养成，形成全员育人、全程育人、全方位育人的和谐教育氛围，促进学生的健康成长，注重学生的全面发展；以实践活动为载体，坚持夯实基础型课程，注重开发拓展型课程，创新研制探究型课程，旨在奠定学生的知识基础，拓宽学生的学习时空，发展学生的个性特长，培养学生的创造能力。学校所在的湖南街道则是一个历史悠久、文化灿烂的城市社区，基于文化育人的价值思考，以学校教育目标为导向，以社区历史文化资源为载体，深入探索研发了“柯灵故居”课程，以此通过实践体验的教育方式，拓展学校育人通道，搭建更大的、校内外无缝对接的学生发展平台。

随着上海不断加快现代化、国际化建设的步伐，文化名人、名人故居已成为这座城市一种“文化标志”和对外宣传的“名片”，特别是那散落在街头巷尾的名人故居既以其漂亮的建筑和带有传奇色彩的名人，而成为城市里的一首凝固的诗；又因为故居所承载的历史变迁和文化积淀，而备受世人敬仰。所以，对于参观名人故居的我们来说，走进这样的一个地方，通过一系列沉淀着文化元素的物化对象，可以从中了解到故居是如何孕育了那些名人，他们是如何在其中茁壮成长，也能体会到故居又是如何对名人的成长起到潜移默化的影响，如心理、性格、观念等方面。对于青少年来说，这样的一种文化氛围是震撼人心的，且具有极其重要的教育意义。

柯灵故居，位于徐汇区衡复风貌保护区的复兴西路147号，是我国文学巨匠柯灵先生孕育并产生大量的文学作品及其生活了近半个世纪的寓所，这幢两层楼西班牙式公寓住宅不仅有着自身的建筑艺术价值，更有着许多被保留下的柯灵先生的书籍、手稿、札记等，其中更有1000多封来往于柯灵先生与其朋友的书信，这些书信文采斐然，具有很高的文学价值，宛如鸿爪留痕，是珍贵的文献资料；并且故居完整地再现了柯灵先生当年的工作环境，反映了柯灵先生近半个世纪的生活与文学创作历程。深入对柯灵故居的寻访，可使学生了解名人的生活成长历程，感受浓烈的文化氛围，起到拓宽学生视野，学习名人精神，塑造高尚品格的重要作用。

地处如此富有灵气的社区，位育实验学校从实际愿景、区域课程共建使命和学校教育理念出发，以柯灵故居为抓手，从多个学科角度去研究挖掘，设计具有校本特色的柯灵故居课程。通过该课程的实施，让学生走近名居，了解名人，并将这些独特的文脉传承下去。

为了让课程更好地对接学校学情、对接育人目标、对接城市文化传承需要、对接时代精神，把课程内容全方位融入思想道德教育、文化知识教育、艺术体育教育、社会实践教育各个环节，真正实现让学生产生浸身式的学习体验，位育实验学校从课程地图、赋能、目标、内容、实施和评价六个方面对该课程进行了研究和打磨。

柯灵故居

资　源　地　图

一所人文积淀下独有的产物

柯灵故居课程资源图谱，主要是指基于核心素养的学生发展需求，以课程建设为抓手，以“隽雅”两字为育人目标，紧扣“物华、人杰”的学区特点，将“品物华”“慕人杰”的地域文化内涵扎根课程，并将搜集到的有关故居的资源进行图谱化的处理，发挥其直观性和可视化的效果，从而使课程建设与各种资源之间产生紧密联系，诸如承接、递进、演化、交互等多种逻辑关系，最终形成符合地域文化特点、展现区域学情、学校校情的特色课程。

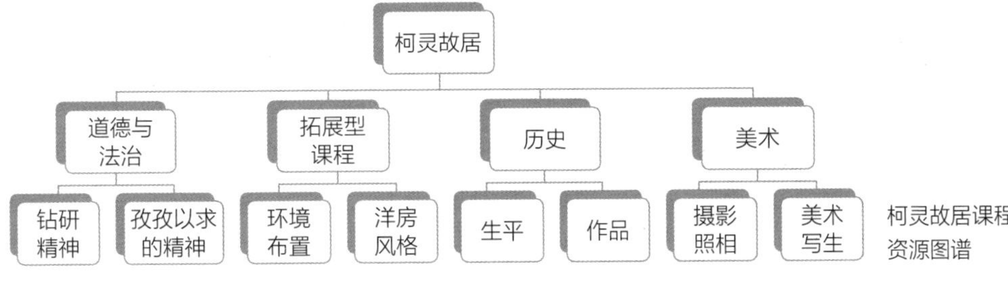

柯灵故居课程资源图谱

本课程的资源图谱主要根据柯灵故居的教育资源，以学校的教育目标为导向，进行深入的分析梳理后精心设计建构的。柯灵故居属名人故居之列，1959年12月2日，柯灵夫妇迁居此地，在楼内203室寓居的40多年中，柯灵撰写了大量散文、杂文、小说、电影剧本等各类文学著作，影响了一代又一代读者。同时，作为一处名人在此工作、生活了41年的故居，它在广大民众心目中自然拥有了与其他公寓住宅不同的文化基因，是人文积淀下独有的产物。因此，对于研究其建筑风格、居住经历和文化产物，并因此形成相关的课程资源图谱，对研究其同时代的人物所反映的微观的名人心理与宏观的时代性有着无法媲美、不可取代的价值。

课　程　赋　能

在活动中搭建德育实践平台

中小学教育的最终目的是促进学生的社会化，因此，仅仅校内、课堂的那片较小的空间，无法满足学生综合素养教育与培养的需要。打破学校围墙、整合校外优质教育资源，形成校内外教育的一体化建设已刻不容缓。位育实验学校坐落于徐汇区衡复风貌保护区，而其中的湖南街道则是一个历史悠久、文化灿烂的城市社区，名哲先贤、骚人墨客、民族英雄层出不穷。基于以上种种考虑，学校充分利用天时、地利、人和这三个有利因素，将徐汇区湖南街道的柯灵故居列入了学生校外教育的第二课堂，并尝试将第二课堂活动、道德与法治、拓展型课程三者合一，组织学生参观名人故居，聆听名人故事，追寻名人伟绩，在身临其境中激发学生的好奇心，启发学生的求知欲，培养学生的探索精神、实践能力和创新意识。

柯灵故居课程以美术、历史、拓展型课程、道德与法治等学科为切入点，开展丰富多彩的体验活动，给学生提供广阔的活动天地，为学生搭建更多的活动平台，开展德育实践资源。这不仅因地制宜地发挥出学校地域环境所蕴含的德育资源价值，也结合相关学科主题，发挥和放大校外德育资源的教育价值。

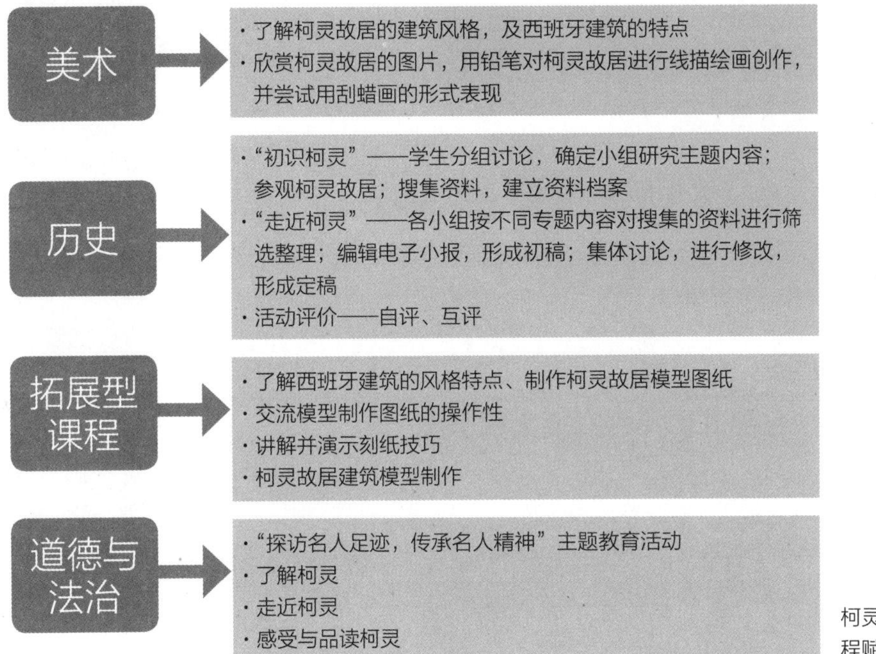

柯灵故居课程赋能

通过对柯灵故居课程的研发，以项目引领的方式可以提高教师的课程意识，强化教师的课程执行力，激发教师主动开发课程的积极性。学校还将加强课程统整，将课程“多面洋房柯灵故居”与美术、历史、拓展型课程、道德与法治等学科进行整合，打破学科壁垒，构筑生态课堂。

学 习 目 标

激发学生对建筑文化的探索兴趣

为了让学生全方位地了解柯灵先生的文学作品和其对文学的钻研精神，我们确立了以下目标。

01 通过阅读柯灵先生的主要文学作品和欣赏由柯灵先生的作品改编成的影视作品，感受柯灵先生对学问孜孜以求的钻研精神。

02 通过查找资料，了解柯灵先生的生平，理解特定的时代背景对人的影响。

03 通过走访柯灵故居，了解柯灵故居建筑特征，从而利用绘画、建模的创作体验，激发对建筑文化的探索兴趣。

学程设计

在品味情怀中触摸大师心灵

本课程以“走近柯灵”为线索，围绕“文学里的柯灵”“故事里的柯灵”“建筑中的柯灵”“心目中的柯灵”四个维度展开，通过美术、历史、拓展型课程、道德与法治这四个跨学科的学习方法，激发学生对课程的兴趣与思考，并从课程的内容设置上契合学校的教育理念和目标。

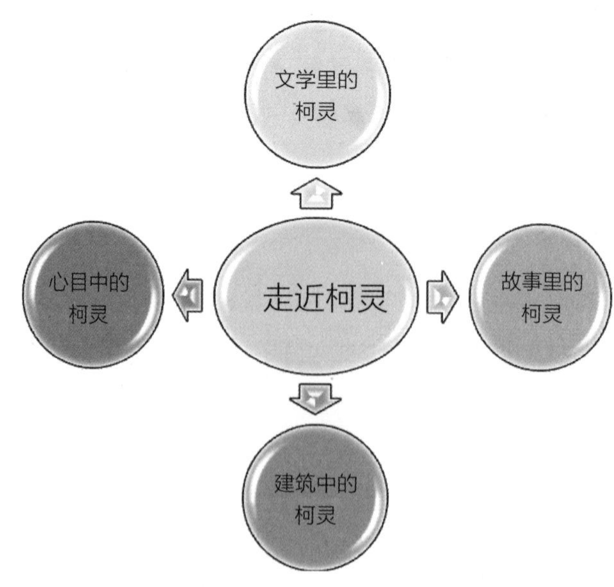

柯灵故居课程设计（逆时针阅读顺序）

一、文学里的柯灵

柯灵先生在这所公寓住宅内编写了电影剧本《不夜城》，撰写了散文名篇《遥寄张爱玲》《钱锺书创作浅尝》和《回看血泪相和流》，完成了长篇小说《上海一百年》，同时，还有上千封他与钱锺书、杨绛、夏衍等文学大家的来往书信，以及散文集《香雪海》手稿、长篇小说《上海一百年》第一部《十里洋场》的第一章手稿等。

本课程的第一阶段——文学里的柯灵，面向的对象是小学五、六年级的学生，主要内容是通过阅读或观看柯灵先生的文学作品以及改编成的影视作品，对柯灵先生的文学作品有一个初步的了解。通过学生一段时间的阅读和赏析，他们对柯灵先生及其作品有了初步的认识，从文学的世界里感受柯灵先生对学问的那种孜孜以求的钻研精神。

二、故事里的柯灵

自1959年迁入至2000年逝世，柯灵先生及其夫人在这所西班牙式公寓二楼203室居住了40余年。期间，历经劫难的柯灵先生曾一度放弃了文学创作，经徐开垒编发，他在《文汇报》“笔会”副刊发表了散文《跃马扬戈的年代》，积极推动老一辈作家、艺术家发表作品。

本课程的第二阶段——故事里的柯灵，面向的对象是六、七年级的学生，主要分成“初识柯灵”和“走进柯灵”两个部分：“初识柯灵”是通过学生分组讨论，确定小组研究主题内容，并且通过资料搜集，制定参观柯灵故居的目的；“走进柯灵”则是各小组按不同专题内容对搜集的资料进行筛选整理，编辑成电子小报，形成初稿，然后学生们集体讨论、进行修改、形成定稿。通过“初识柯灵”和“走进柯灵”这两部分的学习，学生们对柯灵先生的生平有了更深入的了解，结合之前的“文学里的柯灵”这个阶段的活动，加深了学生理解在特定的时代背景之下对人的一生及其作品所产生的影响力。

三、建筑中的柯灵

柯灵故居是一栋建于1937年的西班牙式风格建筑，客厅约20平方米，简朴而雅致，一楼布置为柯灵生平展厅、书信展厅。二楼为柯灵居住时的状态，包括卧室、书房、客厅、厨房等。

本课程的第三阶段——建筑中的柯灵，面向的对象是七、八年级的学生，活动伊始，学生在老师的指导下，先搜集有关西班牙式建筑风格特点的资料，在了解了有关西班牙建筑风格的特点之后，学生被分成若干个小组，在组员的通力合作下制作柯灵故居模型图纸，并且组与组之间进行交流模型制作图纸的可操作性，以及演示刻纸技巧；然后，在老师的带领下，学生通过走访柯灵故居，对柯灵故居的建筑特征进行更深入的了解；最后，通过建筑模型的制作，学生还原柯灵故居中的一物一景，真正了解柯灵的这所故居。通过“建筑中的柯灵”这一阶段的学习，希望能够激发学生对上海建筑文化的探索兴趣，从而使学生热爱由建筑风格所延伸的艺术文化。

四、心目中的柯灵

通过本课程前三个阶段的学习，学生对柯灵先生的作品、生平、居所有了更深入的了解，心中势必对柯灵先生有许多话想说。

本课程的最后阶段——心目中的柯灵，面向的是七、八年级的学生，学生以小组为单位，在小组内对之前所学过的内容进行总结交流，可以从之前某个阶段中的学习心得体会入手，交流一下给自己留下印象深刻的地方。接着，在交流过后，学生们各自撰写自己活动后的心得体会，可以是针对作品、生平或居所的感想，又或是对柯灵先生曾经说过的一句话的感悟，最终以小报的形式进行展示交流。通过这个阶段的学习，希望学生能够探寻文学记忆，绘筑文艺柯灵。

课　程　实　施

多种学习方式开展课程学习

在本课程的实施过程中，主要结合“文学里的柯灵”“故事里的柯灵”“建筑中的柯灵”“心目中的柯灵”四个主题，选用最契合主题的学习方式开展活动，使学生能够在实践中激发好奇心、启发求知欲，以此培养学生的探索精神、创新意识和实践能力。

在本课程的实施过程中，主要采用了搜索学习、影视学习、场馆学习、行走学习、项目学习、整合学习等方式。

一、搜索学习

搜索学习是一种非常重要的学习方式，它是探寻问题的过程，是围绕问题解决的行为方式。

在课程设置时，富有特色的“课程地图”正是提供给学生“搜索学习”的支架。学生借助学校资源和家庭资源，从多个方面对柯灵故居进行搜索，小到故居中陈列的生活物件、文学手稿、房间摆设等，大到故居中包含的人文底蕴。

对于刚刚接触到柯灵故居课程的学生来说，“搜索”无疑是必备的技能，也是十分有效的学习途径。通过调动学生已有的知识和阅历，让他们对柯灵先生有一个简单的了解。

为了引导和帮助学生真正掌握“搜索学习”的技能，切实提高学习的实效性，在学生实施“搜索学习”活动的前期，教师应当预先做足准备工作。例如，在“故事中的柯灵”这个活动阶段时，教师指导学生通过资料搜集，制定参观柯灵故居的目的。学生在进行资料搜集时，教师应当提醒他们，从哪几个方面进行着手，而不能一股脑儿地将所有与柯灵有关的内容全部检索出来。又如，学生在搜索有关柯灵先生生平时，教师应当引导学生对柯灵先生的作品进行搜索，而且在搜索的过程中指导学生根据自身的兴趣和需要，对搜索到的信息进行筛选和整理，从而加快完成本课程的学习进程。

二、影视学习

用影视学习的方式推进课程的实施，具有可视性、直观性和生动性的优势，对于许多与柯灵故居未曾谋面的学生而言，在搜集学习的基础上进行影视学习，不仅能让他们更快地理解特定的文化，而且还能进一步激发学生对课程学习的兴趣。

为此，本课程第一阶段“文学里的柯灵”的实施设计中，为学生量身打造了影视作品赏析的内容。例如，学生对柯灵作品《不夜城》

改编成的电影《不夜城》的欣赏。电影《不夜城》是20世纪50年代上海电影厂的第一部彩色电影，可以说《不夜城》在创作的时候是作为重点影片来拍摄的，是一部集结名家、博采众长的精品之作。在当时的时代背景下，《不夜城》是中央统战部交给柯灵的一项政治任务，用电影的方式来反映民族资产阶级在转折年代中的私营工商业改造历程，这时教师就可以组织学生进行《不夜城》电影的赏析，让学生从直观上了解柯灵先生的作品，并且还能指导学生将电影和文学作品进行比较，找出彼此的共同点和不同点，从而更好地激发他们对课程学习的兴趣。

当然，学生在学习的过程中，通过影视学习，还可以不受时间、空间的局限进行观看，比如教师也可以让学生自行回家进行影视学习，并在影视学习过后撰写一篇观后感，这样学生就不会受到时间和空间的约束，从而加快本课程的学习。

在具体的影视学习作品的编制过程中，学校可以将在绘制课程资源图谱时所得的有关柯灵先生文学作品的丰富图像资料和文献资料，转化为深入浅出的影视说明，以直观的方式展现在学生面前，不仅让学生避免了单一且枯燥的文字阅读，更符合此阶段学生的求知需求，有效扩展学生的自主学习空间，让学习真正变得“听得到、看得见”。

三、场馆学习

“场馆作为一种文化传承的社会性机构，肩负着面向社会公众尤其是青少年群体普及科学文化知识的责任”，“场馆是课堂的有效延伸，是课程的有效载体”。从华山路上丁香花园一侧，转入清幽寂静的复兴西路，映入眼帘的是一幢临街三层楼的西班牙风格的寓所——柯灵故居；踏上露天石阶，折进二楼203号居室门外，这幢建于1937年、占地面积1260平方米的住宅，呈缓坡屋面，出檐很小，外墙米黄色拉毛砂浆，有螺旋柱、半圆型的门窗；窗间有绞绳纹小柱，黄色水泥拉毛外墙；屋内穹形门后是走廊，走廊右侧是20平方米的客厅，布置得既简朴又雅致，里面有一架古色古香的大书橱；墙上挂着书法条幅与各类绘画作品，桌上摆有小巧精致的工艺品、古玩及花瓶，另有一尊微型的柯老中年时代塑像；再往里走，是卧室和内书房，书房内三面安放落地大书橱，呈现出一片书的海洋的氛围，留一角便是柯灵写作的书桌，桌上除了文房四宝之外，便是一叠堆得一尺高的文稿纸。现如今，一楼已布置为柯灵生平展厅、书信展厅，二楼则为柯灵居住时的状态，包括卧室、书房、客厅、厨房等。

柯灵故居见证了柯灵40多年的文学创作和生活轨迹，因此，在学生对课程的主要架构已有一定认知的基础上，让学生走进场馆，走进名人故居，感受名人生活、学习和工作的场景和状态，了解老洋房的建筑艺术和历史变迁，可以说是本阶段最适切的学习方式。

四、行走学习

在本课程的第三阶段——建筑中的柯灵，就是让学生进行一次行走学习。课程先为学生设置前期的任务单作为学习的内驱动力，让学生真正知晓：为何要走进柯灵故居，又要从故居中获得什么。

其中，任务单中包含了解西班牙建筑风格特点、制作柯灵故居模型图纸、交流模型制作图纸的操作性、在小组内讲解并演示刻纸技巧等。这样的任务单，能够积极推动学生在“行走”中做好观看、欣赏、拍照、记录的工作，也为之后的体验感悟埋下伏笔。

接着，在老师的带领下，学生通过走访柯灵故居，对柯灵故居的建筑特征进行更深入的了解。回到学校之后，利用自己所见所闻，进行一个建筑模型的制作，从而还原柯灵故居中的一物一景，使得学生能够真正了解柯灵故居。借助行走学习，学生能够用简单、直观的方法去了解柯灵，了解柯灵的这所故居，从而激发学生对课程的兴趣。

五、项目学习

在本课程的四个阶段的学习中，学生或多或少都会用到项目学习，并且按小组的形式开展学习，例如，以“走进柯灵”为例，教师该如何指导学生进行项目学习呢？

首先，在设计驱动式问题时，教师要遵循能够引起学生的兴趣，但又不会引发学生的焦虑情绪的原则，设计一些真实而又有价值的问题。比如，在参观柯灵故居之前，让学生去寻找故居中给自己留下印象最深的一件家具、一件物件或是一件轶事，让学生带着问题去参观，去探寻隐藏在背后的故事。

在项目分组时，教师要鼓励学生在“大胆猜想、小心求证”的学习原则的指导下，积极思考、深入探究，集体完成项目学习中的一项关键任务——选题；在具体操作时，可以从不同的角度出发，先集体征集“选题”，然后根据选题的一致性原则进行分组，从而形成小组成员的正向合力，以确保每个小组活动的正常展开。

当然，在学生进行项目学习的过程中，教师还要为学生提供学科知识和开展项目学习过程中所需要的技术工具的技能，并且教会学生熟练地运用各种认知策略或元认知策略来监控自己的学习过程。比如，学生在观察故居的外观形状和内部结构时，教师可以鼓励学生用摄影或写生的方式，将建筑所体现出的西班牙建筑风格的设计记录下来，从而为后续的学习打下坚实的基础。

接着，项目学习中最重要的便是小组合作的有效性。而这个有效性与小组成员的个人能力是息息相关的。在分组的时候，教师应当进行适当的点拨和调整，将能力比较强的学生进行统一调整，让他们带领小组内能力稍弱的学生一起进行项目学习。比如，有的学生擅长画画，那就可以适当指导他用笔去画出柯灵故居的外观图；有的学生喜欢摄影，那就可以引导他用相机拍下故居里的一物一景；有的学生擅长写作，那就可以鼓励他去撰写有关柯灵文学作品的观后感……总之，在项目学习中，教师在前期分组时就应该根据学生不同方面的兴趣、能力或特长有选择性地进行分组，从而充分发挥学生在学习过程中的主动性和自主性。

最后，项目学习应该围绕目标、主题进行研究，在这个过程中，教师应该提醒学生所进行的学习必须围绕自己设置的目标，不能与目标背道而驰。同时，教师还要注重学习过程中的反馈，比如，走进柯灵故居之后需要每个小组完成一件柯灵故居的模型，这时就要提醒学生所制作的模型应该是以柯灵故居为蓝本，而不能随心所欲地进行添加或删减。

六、整合学习

“走进柯灵”这一综合实践活动借鉴了美国学者雅克布斯的整合学

习的六种不同设计策略。雅克布斯要求教师在设计教学时可以根据学生的特点、学校的环境特征、社区的价值取向以及学习内容本身的特点，来选择不同的设计策略。而本课程则将历史、美术、拓展型课程、道德与法治等不同学科的内容进行整合。在跨学科的教学实施过程中，确定“教学边界”，避免教学内容的重复。例如，历史学科主要从认识柯灵，了解其人其事出发；美术学科从欣赏故居的建筑艺术入手；拓展型课程从学做老洋房的建筑模型切入；道德与法治学科则通过校外实践活动，让队员们对名人故居的活动内容有基本的了解。在一系列的活动准备和实施过程中，培养学生搜集、选择和提炼资料的能力，与人合作沟通和实践创新的能力。总之，希望通过这样的一个整合学习，让学生的学习变得完整而有意义。

柯灵故居课程整合学习

整合科目	专题	主要内容及要求
历史	认识柯灵，了解其人其事	①初步了解柯灵的生平经历 ②通过查找资料和故事分享交流，了解柯灵先生在中国近现代文学、戏剧方面的贡献 ③学习柯灵的代表作品，仔细阅读品味，感受他的真诚和坦荡，无瑕的人品和傲然的风骨
美术	欣赏故居的建筑艺术	①了解柯灵故居的建筑风格，以及西班牙建筑的艺术特点 ②欣赏柯灵故居的图片，用铅笔对柯灵故居进行线描绘画创作，并尝试用刮蜡画的形式表现 ③通过对柯灵故居的绘画创作体验，激发学生对建筑文化的探索兴趣，从而热爱由建筑风格所延伸的艺术文化
拓展型课程	学做老洋房的建筑模型	①了解模型建筑的概念、建筑的基本结构，拓展了解西班牙建筑风格的主要特点 ②启发学生用不同的材料和形式展现西班牙建筑风格，培养学生的设计能力、创新意识与动手能力 ③通过模型制作，培养学生的自我设计与动手能力
道德与法治	参观故居，实地考察	①通过校外实践活动，让队员们对名人故居的活动内容有基本的了解。在一系列的活动准备和实施过程中，培养学生搜集、选择和提炼资料的能力，与人合作沟通和实践创新的能力 ②通过走近名人故居，让队员们感知名人故居的内涵和魅力，树立正确的审美意识和道德观，并落实在自己的学习和生活中

课 程 评 价

多元评价考察学生的综合表现

根据本课程的特点，遵循多元评价的原则，在评价过程中，综合考察学生的专业技能、探究过程、学习能力、认知水平、团队合作等多方面表现。围绕本课程的目标、内容以及实施过程，为了更好地体现评价的真实性、反馈性和有效性，本课程在自评、互评和教师评相结合的基础上，探索设计从展示性评价、过程性评价、评选性评价三个维度进行评价。

一、展示性评价

展示性评价是一种真实的课程评价方法，更是一种有教育意义的课程实施方式，本课程主要采取小组展示和个人展示相结合的形式。在“走近柯灵”综合实践活动的设计中，要求学生以小组为单位，制作一份“柯灵档案”、制作一件建筑模型，其中“柯灵档案”需要学生以柯灵的生平、作品为线索，图文并茂，制作一份小报。在该环节结束之后，教师在展示交流的过程中，让学生以小组的形式展示，利用多媒体展示小报，由小组指派学生进行交流，其他成员则可以向大家分享自己的活动体会。

这样的一个展示性评价是对学生的一种肯定和鼓励，既满足了学生的个性发展需要，又培养了学生的主题能力；而制作一件建筑模型，则是考察学生小组活动中的团队精神，同样的，在制作完成之后，由小组指派学生对本小组的模型进行讲解，其他组员也可以将自己活动中的心得体会进行交流。而个人展示，则要求学生自己独立完成一份西班牙建筑风格的摄影或写生作品。在该环节结束之后，教师可以利用交流环节，让学生依次将自己拍摄的作品或写生作品先在小组内交流展示，再在大组内交流展示，这样的一个展示，可以增强学生的自信心，让他们能够毫无畏惧地迎接新的挑战。

在评价主体上，采用自评、互评和教师评相结合的方式。

首先是自评，由教师先确立主题目标与评判方式，然后由学生对学习表现进行自我评价或小结。

接着是学生互评，则由同学或小组之间通过多种途径进行评价，发现他人的不足，并促使自己的反思。

柯灵故居写生作品

最后是教师评，由教师针对学生在课程中的实际表现和参与程度进行评价。这样的一种混合式的评价方式更为民主、合理，对于表现突出的学生，学校也会进行相应的表彰和奖励。

一般针对学生在项目中每个活动的表现和收获以“好”“一般”和“未完成”三种形式进行评价。

柯灵故居评价方式

评价内容	自评	互评	教师评
制作一份“柯灵档案”	好（ ） 一般（ ） 未完成（ ）	好（ ） 一般（ ） 未完成（ ）	好（ ） 一般（ ） 未完成（ ）
完成一份西班牙建筑风格的摄影或写生作品	好（ ） 一般（ ） 未完成（ ）	好（ ） 一般（ ） 未完成（ ）	好（ ） 一般（ ） 未完成（ ）
制作一件建筑模型	好（ ） 一般（ ） 未完成（ ）	好（ ） 一般（ ） 未完成（ ）	好（ ） 一般（ ） 未完成（ ）
参与“走访柯灵故居”作品展评活动	好（ ） 一般（ ） 未参与（ ）	好（ ） 一般（ ） 未参与（ ）	好（ ） 一般（ ） 未参与（ ）

二、过程性评价

这里的过程性评价主要分成两个部分进行评价。

第一个部分的过程性评价贯穿在整个活动的学习过程中，教师将学生在每个学习中的点滴成绩，以自评、互评和教师评的形式进行呈现。根据课程实施的阶段不同，可分成不同的层次，如“文学中的柯灵”这一阶段的学习，教师可让学生围绕“阅读或观看了柯灵的作品，你收获了什么”进行评价活动；在“建筑中的柯灵”这一阶段的学习中，学生可以围绕“你了解的西班牙建筑风格的特点是什么”进行评价。这里的评价结果将对最后的评价结果产生影响，对于表现突出的学生，学校会进行相应的表彰和奖励。

第二个部分的过程性评价是在每个阶段的活动结束之后，进行一次知识竞赛大检验，比如在“走进柯灵”综合实践活动结束后，教师对柯灵的作品、生平、精神、故居等方面对所有参与的同学进行一次检验，以知识竞赛的方式选拔出优秀的团队和个人。

这样的一种评价方式，可以激发学生的主观能动性，充分调动他们的学习热情和积极性，丰富和充实他们的学习内容，增强团队凝聚力。

三、评选性评价

在“走近柯灵”综合实践活动之后，由教师选取完成得比较好的作品在年级范围、校级范围进行评选，将优秀作品在学校范围内进行展示；教师对优秀小组和个人给予表扬，并设立“最佳团队奖”“最佳风采个人奖”“最佳小报制作奖”“最佳感言感想奖”等奖项。通过这样的一种展示评选活动，可以提高学生参与活动的积极性，从他人优秀作品中寻找到自己的不足点，也可以促使学生在今后的活动中认真参与，积极活动，从而达到促进学生自我成长的目的。

现如今，网络技术愈发成熟，在年级、校级评选的方式下，多媒体互联网的评选也进入了人们的视野。我们可以利用这样的一个平台，将优秀作品发布到互联网上，不仅可以让学生参与评选，还可以让家长、学校内的其他老师进行评选，通过及时地“点赞”和评论，让更多的学生参与到这样的一种综合实践活动中来。

通过这样一系列的评价方式，既能让学生真正地参与到这项综合实践活动之中，又能够让学生在活动过后品尝到成功的喜悦，从探寻文学的记忆中绘筑文艺柯灵，同时，还能为他们今后参与类似的综合实践活动的学习打下坚实的基础。

执笔　蒋亦斌

上海市徐汇区向阳小学

停泊的巨轮——武康大楼

向阳小学是一所上海市素质教育实验性学校，学校的办学理念是面向全体学生，全面贯彻教育方针，重视学生的全面发展、个性发展和可持续性发展。以“养成高尚人格、博爱精神、勤劳习惯、健康体格、生活知能”为学校育人目标。持续探索研究兴趣教育，积极营造“五快乐”学校氛围，通过富有情感的思想教育、生动活泼的课堂教学、丰富多彩的课外活动、优美良好的教育环境，培养学生学习、活动等多方面的兴趣，提高学生素质，发展学生个性。得益于“天平30分钟德育圈”的资源优势，向阳小学从学校办学理念和德育目标出发，充分利用“中国历史文化名街”武康路的特色教育资源，开发设计了“停泊的巨轮——武康大楼”校本课程，把课程内容全方位地融入美术素养、探究意识和创新精神各个环节，真正实现让学生产生浸身式的学习体验。

徐汇区天平路街道有多幢富有特色的建筑风貌，是众多历史人物、文化名人的居住之地，每一条弄堂、每一幢洋房都蕴含着历史和人文的故事。天平社区利用社区资源开发了“走进身边的老洋房”课程，作为“天平30分钟德育圈”的成员单位，向阳小学以自主研发的“停泊的巨轮——武康大楼”校本课程（简称“武康大楼”课程）为载体，着力打通小学生校内外教育的一体化建设，通过本课程的实施，真正实现让学生产生浸身式的学习体验。向阳小学从图谱、赋能、目标、设计、实施、评价六个环节对课程进行开发设计。

资源地图

了解邬达克和他的建筑风格

武康大楼，原名诺曼底公寓，又称东美特公寓，犹如一座等待起航的巨轮般巍然屹立在武康路路口。大楼于1924年由万国储蓄会出资兴建，由旅居上海的著名匈牙利建筑设计师邬达克设计，是上海第一座外廊式公寓大楼。1994年，武康大楼入选第二批上海市优秀历史建筑。公寓共八层，螺旋花纹的牛腿，三角形古典山花的窗楣，以及外墙的镶拼色彩，在阳光下显示出一种低调的精致。这是一座典型的法国文艺复兴建筑式样的大楼，也是上海最早的外廊式公寓建筑。

武康大楼的东南面是最好的位置，住户可以每天在第一时间享受到阳光。外墙极具装饰意味，骑楼、转角的挑阳台、牛腿梁托、券廊，还有三角形古典山花窗楣，都凸显了其本身的建筑特色。邬达克还变化了山花窗的尺度和高低使它们连起来宛如跳动的音符，建筑变得活跃起来，也反映了邬达克灵巧细腻的设计特点。而沿武康路一面没有延续平直的设计，有意分了三个单元出来，这样每个单元都能保证有南方向的开窗，设计相当合理、精巧。

大楼的内部至今还保持着原来的风貌，传统的服务台，老式电梯，用半面钟的样子显示电梯到达的楼层，这一点独具匠心。楼梯的栏杆、地面的拼花也保有老上海的气息。大楼整体空间开阔大气，保留着欧洲建筑空间原汁原味的比例，还有宽大明亮的走廊，斑驳的铁框窗，特别有年代沉淀的感觉。

武康大楼

武康大楼总体为钢筋混凝土结构，楼高八层，外观为法国文艺复兴式风格。大楼底层采用骑楼样式，将店面橱窗向内收缩，留出人行道空间。大楼一、二层一般为店面等商铺用房，自三楼起基本为居民住房。大楼内部除了回旋式楼梯以外，还设置客用、货用电梯共三部。虽经过多次维修，但基本上大楼电梯仍保留着20世纪中期采用的半圆形指针的楼层指示器。

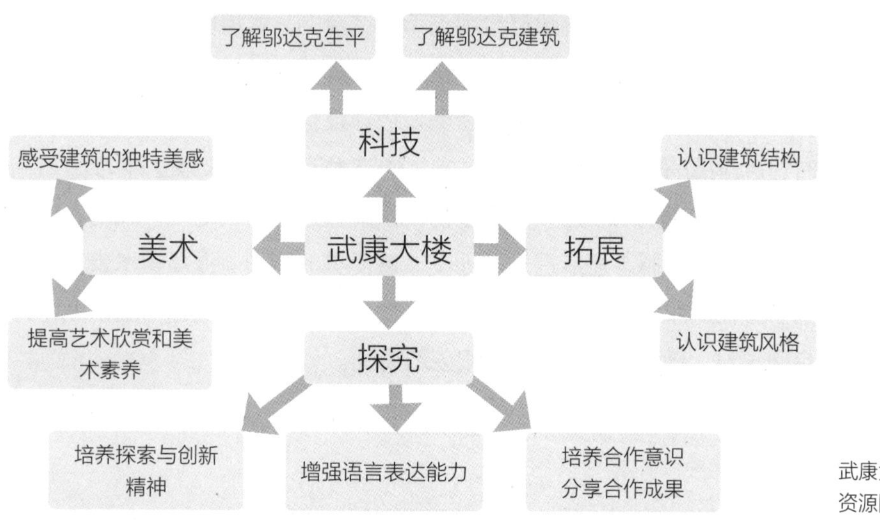

武康大楼课程资源图谱

课 程 赋 能

提高艺术欣赏水平及表达能力

建筑，不仅要考虑美观，还要注意其实用性和牢固性，由此，“实用”“坚固”“美观”被称为构成建筑的三要素。评价建筑的艺术性，不仅仅是看它的造型和装饰是否美观，还要看它是否做到了实用、坚固、美观的统一，这也是欣赏建筑艺术的基本出发点。

向阳小学武康大楼课程，以美术、探究等学科为切入点，因地制宜地发挥运用学校与社区所蕴含的德育资源，与向阳小学办学目标和育人目标相吻合。参与课程学习的学生是9～11岁的儿童，他们思维活跃，课堂上喜欢表达自己的想法，对美术学习有着浓厚的兴趣；在平时的学习生活中，学生有机会接触到大量的建筑，对了解多种多样的现代建筑有着浓烈的兴趣，但是对建筑的知识却没有进行过深入研究与创新。通过本课程，增强学生热爱生活、积极创造艺术人生的美好情感。

在本课程的学习过程中，学生可以了解到邬达克建筑的艺术特色及高超的设计水平，了解建筑实用与审美结合的艺术特性、建筑与环境的关系；学生能够对相关资料进行正确的收集、整理和提炼；学生能够运用一定的美术术语，从功能、造型、色彩及材料等不同角度，表达自己对建筑作品的理解和感受，提高学生的艺术欣赏水平及表达能力。

通过本课程的学习，使学生初步了解邬达克建筑的设计风格，感受建筑的独特美感，逐步提升发现美、感受美的能力，提高美术素养；提高学生在实践中发现和提出问题的能力，使学生带着问题有组织地进行合作学习，逐渐形成探究意识和创新精神。

学 习 目 标

掌握知识技能，落实情感态度

本课程的学习目标主要围绕“感悟与发现”“实践与创造”“欣赏与评议”“体验与合作”四个方面，旨在让学生掌握知识技能、落实情感态度价值观。

01 了解邬达克建筑的特色与美感，培养对优秀艺术的热爱。

02 用各种彩纸剪、撕、贴的方法，设计一幅漂亮的建筑图，培养创新精神。

03 讲述自己的作品，并能够对同学作品的优缺点进行简单的评论，培养语言表达能力。

学 程 设 计

引发学生对课程的兴趣和思考

本课程的进程主要围绕“了解邬达克”“漫步武康大楼”“我是小小建筑师”三个维度展开，通过美术、探究等学科的学习，引发学生对课程的兴趣和思考，并从课程的内容设置上，与学校办学目标和育人目标相吻合。

一、了解邬达克

邬达克是20世纪二三十年代的一位著名的建筑设计师。1893年出生于斯洛伐克，1914年毕业于布达佩斯皇家学院建筑系，同年，他勇敢地参加了第一次世界大战，后来被俄罗斯军队抓住，送往西伯利亚战俘营，在途中他不顾一切地跳下火车，逃亡到了中国，之后，在上海寄居了整整30年，可以说上海是他的福地。在上海，邬达克从美国克里洋行的建筑设计助理做起，后来成为被上海名流们竞相追捧的著名建筑设计师。

邬达克设计的建筑有其特有的风格，英国、法国、西班牙的风格在他的建筑中都有体现。在他生活在上海的30年间，邬达克共设计建造了60多栋建筑，其中有20多栋建筑被命名为上海市优秀历史保护建筑：国际饭店是当时的远东第一楼；内饰富丽堂皇的大光明电影院是许多上海人夏天的好去处；沐恩堂——哥特式的天主教堂给西藏南路添彩；华东医院是法国文艺复兴样式的建筑，充满典雅的复古气息。邬达克还设计了许多舒适别致的私宅别墅，它们一座座都成为上海近代建筑中的精品。

二、漫步武康大楼

邬达克的建筑尽管风格不同，但都有一个共同点，那就是他设计的每一座建筑都是为地形而生的。邬达克总能巧妙地运用各种设计风格，让每一座建筑优美、实用，与外在环境融为一体，并成为这个地区域的“标志”。

比如武康大楼，原先这个地形先天优势不足，很难设计，是狭长的三角形，但是在邬达克的妙手设计下，武康大楼犹如淮海路上的一艘巨轮横空出世，傲视群雄，这也许正是设计师邬达克乘坐邮轮到上海时印象的写照。

武康大楼先后住过许多文化名流，有吴茵、王人美、郑君里、秦怡、赵丹、孙道临等。武康大楼对孙道临而言也有着太多的意义，正像作家淳子说的，“有的时候我去等孙道临，我是坐在他们厨房的门口，看着他们家的老保姆在厨房里忙来忙去。然后，听着孙道临的夫人，那位著名的越剧演员王文娟老师，用那种一口苏白和别人讲电话，就当时张爱玲笔下所有对公寓的描写都一一在你面前浮现。”孟涛也在他的《诗人孙道临》一文中这样介绍孙道临先生在武康大楼的家：“孙先生家的客厅不大，一组沙发围成一个温馨的会客区。几座顶天立地的书橱沿墙而立，把一个20平方米左右的空间几乎占满了。他在此一住就是近30

年，从没动过搬家的念头。或许正是这片在喧闹都市里难以寻觅的宁静，给孙道临先生创造了一个理想的生活环境与创作空间。”

三、我是小小建筑师

通过各种彩纸剪、撕、贴的方法，设计一幅具有邬达克建筑风格的建筑图。

课 程 实 施

在实践中主动探究与创新

在本课程的实施过程中，主要结合“了解武康大楼”“漫步武康大楼”“我是小小建筑师”三个维度展开，学生在实践中主动探究、积极创新。

一、了解邬达克——探寻邬达克和他的建筑风格

在本课程的实施过程中，主要采用了搜索学习和影视学习等方法。

1. 搜索学习

搜索是一种重要的学习方式。搜索学习是通过搜索寻求解决问题的知识和方法，并在解决问题的过程中，获得一定的经验、提高解决问题的能力的一种学习形式，是围绕问题解决的行为。

知识是无止境、海量的，借助搜索，我们可以丰富知识、扩展见识，获得解决问题所必须的信息和资料，它是学习者必备的技术。搜索是一个学习的过程，你在搜索便是在学习。搜索很方便，是很有效率的学习途径。

搜索首先是在自己的“内网”，即对大脑中存储了相关的知识和信息尝试解决问题，在“内网”无法解决问题时，再借助互联网进行搜索。搜索不是万能的，搜索能否转化为现实的学习力，还需要其他学习方式的配合，重要的是教师应教育学生懂得网络信息筛选的重要价值，学会分析、归纳和选择，根据自身的兴趣和需要，在大量信息或知识中

挑选出对自己有用的东西，选择那些对解决问题有帮助的信息与知识。

学生通过互联网搜索，收集邬达克的生平和他建筑风格的相关资料，然后梳理归纳出一个个知识点，并在这些知识点之间建立联系，从而获得问题的答案。借助搜索方法，让学生初步感知武康大楼，感受邬达克建筑的艺术和美感。探索学习贯穿课程始终，可以大大简化学习过程，便捷地得到我们需要的有关数据。

2. 影视学习

影视是通过画面和声音，在银幕上运动的时间和空间里塑造形象，再现和反映生活的一种艺术，其主要特点是直观性、逼真性、通俗性。这种声、色、光、影的完美融合，能极大地激发学生的学习兴趣。

学生通过观看武康大楼的视频，深化课程的实施。在影视学习中，学生不仅“听得到”，而且可以“看得见”，这样有利于学生对知识的形象理解。影视中有丰富的表情、手势和其他的视觉线索，这些都能帮助学生理解特定的文化。所有这些超语言特征能够帮助学生看见他们不能听到的东西，这些东西对学习非常重要。

二、漫步武康大楼——走进建筑，感悟情怀

在本阶段的实施过程中，主要运用的学习方式有场馆学习和行走学习等。

1. 场馆学习

场馆作为一种文化传承的社会性机构，肩负着面向社会公众尤其是青少年群体普及科学文化知识的责任。场馆是课堂的有效延伸，是课程的有效载体。学生漫步于武康大楼，通过欣赏优秀的建筑，培养学生对优秀艺术的热爱。

场馆学习的特点主要体现在：场馆学习的情境性、自主选择性、主动探究性以及结果输出的多元性。推动场馆学习与学校课程的深度合作，采用以下两种合作形式：

（1）“先校后馆”，学生在学校学习相关知识后，走进武康大楼，以实物为载体进行亲身参与和互动体验，在运用与实践中深化、拓展所学原理。

（2）共同建设场馆课程，场馆教育人员和学校教师形成课程开发共

同体，共同设计集学校和场馆优势为一体的校本特色课程，供学校学生长期学习。

2. 行走学习

古人云：读万卷书，行万里路。对于青少年学生的学习而言，学校的课堂教学是一种学习，学生自主阅读、网络搜索是一种学习，组织学生深入社会、接触更为广阔而真实的世界也是一种学习。教育的目的是促进学生的社会化，社会生活才是学生必须应接的真正的试卷。

学生通过感悟武康大楼，欣赏建筑风格，在行走中感悟自然，在行走中了解历史。具体课程设计可从学生视角出发，采取“我知道、我行走、我感悟”等板块设计，让学生不论行到哪里，“行”前都要先做查阅资料、了解大楼、调查路线等准备工作；“行”中做好观看、欣赏、拍照、记录、解说的工作，找准特点或历史典故；“行”后写下自己的独特感受，和家长、同伴一起分享。学生只有在真正的生活中，才能感悟生活的意义，才能学会过有意义的生活。

三、我是小小建筑师——在学习中主动探究与创新

在思考和确定课程实施的策略时，学校立足于本校学生的基本学情，以学校育人目标为导向，提出创客学习和留白学习两种方式。

1. 创客学习

创客学习是一种融探究、设计、创造、合作于一体的项目学习方式。创客学习是基于向阳小学武康大楼课程项目的学习，全面培养学生创客精神与创客素养的一种新型学习方式。学生围绕来自真实情境的创客项目，充分学习、选择和利用创客空间的学习资源，基于创客项目“自主选题、调查研究、创意构思、知识建构、设计优化、原型制作、测试迭代、评价分享”的全生命周期，在实际体验、探索创新、内化吸收的过程中，全面培养学生的创客精神与创客素养的一种新型学习方式。

学生需要运用美术、科技、探究等跨学科知识来进行学习，通过自己设计一幅漂亮的设计图、学以致用、创新实践和教学互动循环迭代，以此来激发学生的创造意识与动机、培养学生的创造性思维品质、塑造学生的创造性人格。

2. 留白学习

“留白”是一门教育艺术，“留白”不是教师在教育教学过程中的随性“放空”，而是教师针对教育教学内容，根据学生的学习情况和能力，清醒认识、深度掌握、精心设计。一是给学生留下足够的思考空间，给学生消化、吸收知识，发现问题、驰骋想象的广阔天地；二是给学生留下充分的自学时间，大胆地放手让学生去自学；三是给学生留下快乐玩耍的权利，尊重孩子的天性，让学生情趣盎然地投入到学习中；四是给学生传授自主学习的方法，调动每一位学生的学习积极性和主动性。

在本课程实施的过程中，我们在作业设计上做了新的尝试，采取“我的建筑我设计”留白纸（只提简短要求，其他全部空白），让学生自己去设计想做的作业。实践证明，学生对作业内容、形式的表达方式，都让教师深受震动：学生们能有这样的创造力，对自己作业有这样丰富的设想。我们看到了色彩的运用、图式的表达、文字的点睛说明，看到了学生们设计方面的潜力。

课　程　评　价

在多元评价下的综合思考

武康大楼课程的评价，是学校对开发校本课程进行质量分析和监控的过程，也是学校对本课程进行跟踪管理的过程。只有采取行之有效的评价策略，学校、教师才能在评价的基础上进行反思，总结经验和教训，不断调整、丰富和完善校本课程，使校本课程真正促进学生的健康发展。对本课程评价的思考、设计和实施，学校坚持从校情出发，以培养健康快乐的学生为目的，以课程资源为基点，以开发与实施过程为主线，以促进参与兴趣、培养动手能力、思维能力为着眼点。

武康大楼课程教材内容的评价，要以符合学校办学理念和育人目标为准绳，体现学校的办学特色，体现学生发展的多元化、生动化；本课程评价，不仅要关注学生的学业成绩，而且要发现和发展学生多方面的潜能，了解学生发展中的需求，帮助学生认识自我，建立自信。

一、评价内容

武康大楼课程涉及以下两个方面的评价内容：一是对课程的评价，二是对学生课程学习的评价。

1. 对课程的评价

对武康大楼课程的有效性评价，以学校育人目标为指导，分别对本课程的课程设计设置、校内外课程资源选择与利用、课程的实施策略三个方面进行客观评价。

对于课程设计设置的合理性评价，必须体现“以人为本”的思想。关注学生的个体发展，尊重和体现学生的个性发展，以促进实现其自身价值。我们把对学生的评价原则定为：鼓励、鼓励、再鼓励！

对于校内外课程资源选择与利用合理性的评价，则聚焦于课程内容的落实中，如何为教师和学生设计和提供有利于学习的资源，保证资源的客观性、准确性、充分性和便捷性等。

对于课程实施的评价，则更多地关注课程实施策略的合理性、实施途径与方法的多元性，考察学习在整个课程学习的不同环节中的实效性等。

当然，还要评价武康大楼课程作为教育信息载体在学校所起的作用。武康大楼课程是基于学校教育理念，以教师为开发主题，旨在满足学生多样化的兴趣和发展需求，由学校自己组织开发的课程；武康大楼课程开发的价值追求是学生个性的发展，教师专业的发展，学校特色的凸显；武康大楼课程开发的特殊性决定课程评价的特殊性，因为校本课程的评价过程意味着教师对课程实践的不断反思和探索，同时也意味着他们对知识的不断构建和重组。在这一过程中，教师的课程意识、课程观念等会发生相应的改变，教师的知识能力也得以提升。

2. 对学生课程学习的评价

武康大楼课程对学生评价主要采用多维度、发展性评价，除了关注成果外，更重视学生积极参与活动的全过程，关注学生面对挫折和与人交往方面的表现以及习惯养成等。

评价过程动态化，给予多次评价机会。评价主体互动化，家长、同伴、社会、教师共同参与。评价上注重多元化，即教师评、同学互评、自评、家长评、社区人员评等。在实践中主要采用学生自我报告（问卷调查、考核、同学评鉴）、行动观察（记录、角色扮演、档案袋或成长日记）等定性评价方法。

一看学生的课程参与态度。首先，考察学生对校本课程的认可度；其次，观察学生在课堂上的参与热情，以及在学习过程中学生所表现出的求知欲和探究情况。

二看学生在学习过程中的表现。包括参与积极性、学习任务完成情况，可分为“A、B、C、D”四个等级。

三看学生在参与校本课程中对知识、方法、技能的掌握情况，以及在学习过程中学生所表现出的创新精神和实践能力的发展情况。

四看学生学习的成果展现。学生成果可通过实践操作、作品鉴定、竞赛、评比、汇报演出等形式展示，成绩优秀者予以表彰、颁发奖状。

具体做法：用各类形象类评语，诸如红花、大拇指、笑脸等进行多样化评价；通过家校联系卡等形式，用生动形象、适合于学生接受的语言进行评价；以班级为单位设计各种鼓励性、展示个性的“园地”，如苹果乐园、智慧园等；利用成长手册、评价表等形式进行评价，把学生学习中的点点滴滴集中起来，展示自己的作品成果。

评价记录表

评价项目	评价要点	自评	互评	教师评
参与态度	①按时认真参加每一次活动			
	②努力完成自己承担的任务			
	③主动提出自己的设想			
	④做好资料积累和处理工作			
	⑤乐于合作交流，尊重他人			
获得体验	⑥有一定的责任心			
	⑦有求知的好奇心、探索的欲望			
	⑧不怕吃苦、勇于克服困难			
	⑨能对自己进行“反思”			
	⑩尊重他人想法与成果			

续表

评价项目	评价要点	自评	互评	教师评
学会学习	⑪能用多种途径获取信息			
	⑫能运用已有知识解决问题			
能力发展	⑬独立思考、自主学习，主动发现问题，提出问题，寻求解决问题的方法			
	⑭乐于研究，勤于动手			
	⑮发挥个性特长，施展才能			
学习成果	⑯通过实践操作、作品鉴定、竞赛、评比、汇报演出等形式进行展示			
成绩总评				
备注：评价采用等级制，分为A、B、C、D。				

二、评价方法

对武康大楼课程及其实施的评价，主要采用背景评价、输入评价、过程评价和成果评价四种评价方法。

1. 背景评价

背景评价是对“武康大楼”最基本的评价，包括认识武康大楼课程的服务对象并评估其需求，确认满足需求的可能方式，诊断需求所面临的问题，以及判断目标是否能响应已知的需求。背景评价旨在提供确定课程目标的依据。

2. 输入评价

这是对实现武康大楼课程培养目标所需要而且可以得到的条件所进行的评价，是对课程实施可行性的评估。它涉及的问题主要包括：实现目标的可能性；各种方案的潜在成本；课程的优势与劣势；课程伦理问题；课程资源的可获得性等问题。

3. 过程评价

这一阶段的评价，主要是描述武康大楼课程的实施过程，从而确定或者预测课程中存在的问题。比如：活动是否已按预定计划得到实施；是否在以有效的方式利用现有的课程资源等，从而为课程开发者提供完善课程的有效信息。

4. 成果评价

这一阶段的评价主要是测量、解释和判断武康大楼课程的成效。具体的做法是收集一些与结果有关的各种描述与判断，把它们与前三个方面的评价联系起来，对课程的价值与优点做出判断与解释。成果评价是质量控制的一种手段，而不只是最终的鉴定。

三、评价管理

为了确保武康大楼课程的评价科学高效，学校必须对整个评价工作进行全程的督察和管理。

（1）武康大楼课程的评价任务由校长担任课程改革组长，成立课程实验研究小组，全面负责制定校本课程评价体系。

（2）武康大楼课程的评价标准要分学科制定，需科学、合理、细致且具有教育和发展功能，精心设计符合向阳小学实际的评价标准。

（3）武康大楼课程的评价，强调教师、学生、家长共同参与，研究校本课程的可操作性和实用性，不断提高校本课程的开发水平。

（4）武康大楼课程的评价，要注重周期性地对学校课程的执行情况、课程实施中的问题进行分析评估，调整课程内容，改进教学管理，形成校本课程不断革新、不断适应学校学生学习需求的机制。

武康大楼课程的开发及评价是一个系统工程，要求课程专家、校长、教师、学生、家长及社区人员广泛参与，要求教师与教师及教师与课程开发的其他参与人员密切合作。向阳小学武康大楼课程的开发及评价是课程专家、教师、校长、家长、学生、社会人员广泛参与的活动。在评价过程中，需要不断加强教师与教师、教师与校长、教师与学生、教师与家长、教师与社区人员、教师与课程专家的专业对话，沟通协作，互相学习，互相支持，在合作中促进教师的发展。

执笔　周佳

上海市徐汇区爱菊小学

医者仁心誉天下，桃李芬芳言大爱

徐汇区爱菊小学地处徐汇区安福路，是一所幽雅精致、充满艺术气息与生机活力的民办学校。学校坚持“以德育为核心、以质量求生存、以特色求发展，以提高学生综合素质为目的”的办学宗旨，坚持以素质教育带动“特色”“特长”的发展，以艺术教育为抓手，积极推进素质教育，通过严格科学的管理，知心知情的德育，严谨有效的教学，着力培养学生的创新精神和实践能力，使学生成为“基础扎实、科艺双优，人文见长、全面发展”的优秀小学毕业生。

从学校出发，步行300米即可到达颜福庆故居。爱菊小学开展爱的教育，立德树人，将“博爱、博学、博艺、博雅”作为培养目标。颜福庆故居作为爱菊小学的校外实践基地之一，学校围绕“走近名人、了解名人、学习名人”的目的开发设计了德育课程“了不起的医学教育家——颜福庆”，传播爱的事迹，学习爱的灵魂，树立爱的精神。

1943年，当上海的道路将所有的洋名按照全国各地的城市重新命名时，这条全长1000米、名叫福开森路的文艺小马路，被重新命名为武康路。这条具有人文特色的街道，拥有23处名人故居和历史建筑，被文化部和文物局评为“国家历史文化名街”，是上海64条永不拓宽的马路之一。这里的每一座建筑都有故事，有的壮烈豪放、有的凄楚委婉、有的如漠孤烟、有的如小桥流水，它们汇成了武康路的风采。这里的广场、街道、花园、阳台、台阶、墙面、窗户、花坛都是历史的见证，这里的每一个院落就是一篇散文，住在这里的每一个人都是一部历史。

故居留下了名人的奋斗痕迹，如今，像璀璨的珍珠散落在街头巷尾的名人故居已是城市的一首凝固的诗，具有深厚的底蕴和永恒的魅力，是最值得珍惜的建筑。武康路40弄4号是医学教育家——颜福庆先生的旧居，颜福庆先生是上海这座城市不能忘记的恩人，他一生从事医学事业，他给上海留下了中山医院、华山医院，还创办了第四中山大学医学院，也就是后来的上海医学院。他在这所旧居生活了7年，在这期间他筹建了中山医院。这所旧居在武康路上初看不是很亮点，但是，按旧主人一生造福于上海人来说，这幢普通民宅有着非同一般的价值和意义。正是这种非同一般的价值和意义，启发了爱菊小学以此故居为载体，研发设计了“了不起的医学教育家——颜福庆”校本课程（简称“颜福庆故居”课程），为学生搭建一处通过“走近名人、了解名人、学习名人”的教育活动，将颜福庆先生“博爱、博学、博艺、博雅”的品格，作为学校开展爱的教育，立德树人的一条创新途径，让名人故居、名人事迹和名人精神，传播爱的事迹，学习爱的灵魂，树立爱的精神。

资　源　地　图

用大爱为人民造福

颜福庆故居位于武康路40弄，院落由四座不同风格的西式别墅围合，宽敞静谧，近年荣获了“星级弄堂”的美誉。1943—1950年，著名医学教育家颜福庆曾在4号小楼居住。

颜福庆故居

颜福庆故居是一座英国乡村别墅式花园住宅，建于1923年，砖木结构，假三层，红瓦斜屋顶，姜黄水泥拉毛墙面。住宅内装饰不多，但窗框有精致的红砖饰带，与黄色外墙对比鲜明。朝向院落的北立面镶嵌着十几个木窗，大小不一，高低错落，既满足采光需要，又让简洁的立面丰富耐看。

颜福庆故居现在是一家公司用房，未对公众开放。铁门紧锁，围墙上有高高的竹篱，但仍可以看到故居有偌大的花园。几棵参天大树比武康路上的行道树还要高大茂盛。

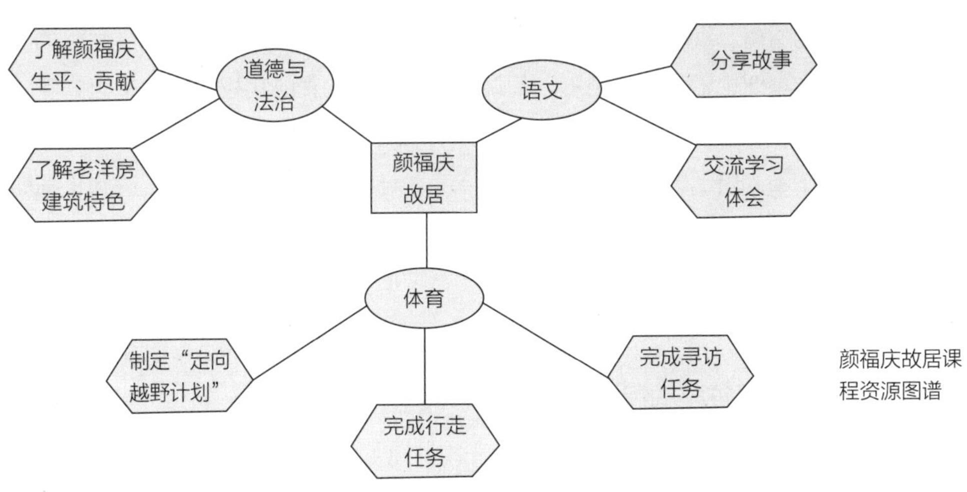

颜福庆故居课程资源图谱

课 程 赋 能

伟人品格培育综合素养

人们常说："读万卷书，行万里路。"探究名人故居，追寻先贤足迹，不仅能开拓学生的视野，还能激发学生积极进取的精神。爱菊小学结合学校实际，选择著名的医学教育家颜福庆的故居进行课程开发，让学生在实践活动中体验、感悟、认同并发扬名人精神，有利于促进他们形成正确的世界观、人生观。

一、依托故居课程，培养学生的敬业、爱国精神

颜福庆（1882.7.28—1970.11.29），字克卿，中国医学教育家。这位中国西医学界的泰斗人物，出生于上海江湾镇，除了到美国留学和到外地工作外，他的生命都在上海度过。他是获得耶鲁大学医学博士的第一位亚洲人，先后创办湖南湘雅医专业学校（湖南大学医学院前身）、第四中山大学医学院（复旦大学上海医学院、公共卫生学院、药学院和护理学院的前身）、上海中山医院等，为我国医学教育事业做出了卓越的贡献。20世纪二三十年代是老上海发展的黄金时期，颜福庆先生的医学事业也相当丰富精彩，他说服政界和金融界的实权人物，辛苦筹款。终于建起一所集医学院、医院和研究院于一体的医事中心。这是第一所中国人自己的医事中心，将临床实践与教学科研有机结合，达到了同期欧美医学院同类水平。

借助走访颜福庆故居，借助各项活动，带领学生了解名人生平，学习他身上的敬业、爱国精神。

二、以统整的视角，构建生态课堂

通过对颜福庆故居课程的研发，以项目引领的方式，提高教师的课程意识，强化教师的课程执行力，激发教师主动开发课程的积极性。

学校还将加强课程统整，将课程与道德与法治、语文、体育等课程进行整合，以进一步发挥名人故居课程在学生的道德品格、知识能力等综合素养教育与培养的价值和作用。

三、在时光中漫步，在感悟里成长

人的成长是一个循序渐进的过程，学校德育要符合人的成长规律。小学阶段是儿童社会交往的重心、由家庭逐渐转移到学校的重要时期，也是培养学习能力、情绪能力、意志能力、交往能力和学习习惯的最佳时期。因此，德育活动要遵循学生身心成长规律，综合多种教育方法，全面提高学生素质，培养学生学会做人、学会学习、学会创造。

根据爱菊小学五年“成长足迹”系列课程设计有趣的体验方式——“定向越野”，以任务单探究的形式去寻访故居，不仅能让学生对活动产生浓厚的参与兴趣，更能留给学生深刻的情感触动，产生主动理解和领悟的动力。学校德育课程主题活动关注学生的学习方式，充分发挥学生的主体作用，引导学生在参与课程资源的选择，在进行的专题探究中学会“观察和收集、整理和分析，提问与阐述”等能力，进而培养“责任”、涵养“情感”、践行“优雅”等行为。

学校作为学区德育“30分钟德育圈”单位，通过了解颜福庆生平、参观故居，了解其背后隐藏着的故事等体验教育为途径，实现育人目标。

学　习　目　标

通过实践体验真善美

根据学校“爱知博艺，菊雅竞芳”的办学理念，以培养“健康乐群，具备良好的科学素养、艺术素养和人文素养，兴趣广、有特长、情趣高雅、举止优雅”的爱菊学子为导向，学校将颜福庆故居课程的培养目标设定为以下三个方面：

01 通过收集资料、参观访问，了解颜福庆先生的主要经历和贡献，感受他为祖国、为人民无限的奉献以及始终不渝献身医学教育的精神。

02 通过查阅资料、参观故居等活动，了解颜福庆故居的建筑风格特征，并培养对建筑文化的探索兴趣。

03 通过“趣味定向越野”的形式，以小队为单位，家长、学校、社区联合，开展实地考察活动，孩子们“用脚步丈量”充满法式风情的武康路，在风格各异的建筑中体会海派文化的精髓，感受人们在历史中留下的各种痕迹，让城市的人文精神在漫步中润物细无声地沁入心田。

学　程　设　计

走近了不起的颜福庆

本课程的进程主要围绕“了不起的颜福庆”“漫步故居”“我眼中的颜福庆”三个维度展开，通过跨学科学习的方法，引发学生对课程的兴趣和思考，并从课程的内容设置上回应学校的教育理念。

为了更为深入地挖掘洋房里的人文历史，将爱国情感作为一条主线索进行提炼，从而使课程凸显出以“多元目标、课程融合”为核心的项目化活动学习设计内涵。在制订课程计划之初，学校就根据前期绘制的课程资源图谱，紧扣学校的培养目标，结合学生的学习需求，选取了“了不起的颜福庆”“漫步故居”“我眼中的颜福庆”三个维度，对其进行多元目标渗透，旨在丰富学生跨学科学习经历，建立系统的思维方式、提高思考动能，以开阔的视野践行课程的横向融合、激发学生的“自建构”学习潜能，形成创新性素养，在与名人的对话中产生“人文”的共情。

一、了不起的颜福庆——医学泰斗，受人敬仰

颜福庆，这位中国西医学界的泰斗人物，出生于上海江湾镇；除了到美国留学和到外地工作外，他的生命都在上海度过。“了不起的颜福庆”主要着眼于颜福庆生平和人物敬业精神、无私的奉献及爱国精神的了解。

二、漫步故居——行走武康路，感悟情怀

名人故居突出的是名人的内在精神，这对青少年的德育有着十分积极的影响和作用。对于瞻仰名人故居的学生来说，走进这样的一个地方，透过一系列沉淀着文化元素的物化对象，学生可以亲身感受孕育名人成长的故居。对于青少年来说，这样的一种文化氛围是震撼人心的，有着极其重要的教育意义。

本课程要求学生能够走出校园，走进故居，去切身体验其中所蕴含的别样情怀。由于颜福庆故居没有对外开放，因此我们将课程衍生至颜福庆故居所在的武康路，通过对武康路名人故居、历史建筑的寻访，对颜先生所生活的环境有所感悟和了解。

“漫步故居”则定位为走近颜福庆故居，感悟建筑的简朴，使学生自然而然地萌发爱国情怀，同时漫步武康路，体会建筑的记忆。

三、慢品故居，感悟人物

历经岁月的老洋房建筑，作为近代诸多名人的居住生活之地，是近代社会思想文化的重要载体，需细细咀嚼和品味，其外部的样式和内部的结构都印刻着相关信息，它们是蕴含文明进程的社会记忆。所谓“我眼中的颜福庆”，其实旨在让以颜福庆故居为代表的一系列老洋房名人故居在新时代中焕发新的魅力。学校在课程建设的最后一个阶段，主要将目光投射在城市文化文脉的传承，是对未来洋房无限可能的拓展性再思考上。在多元目标的课程实施过程中，“我眼中的颜福庆”则是让学生以多元的形式，从以上两个维度中选择其一说说学生眼中的颜福庆先生，这既是对活动的反馈，也是检验学生对课程的学习力。

以上三个主题，从探究、寻访的角度带领学生开启历史之门、了解

名人身后的故事，也与学校培养“健康乐群、具备良好的科学素养、艺术素养和人文素养，兴趣广、有特长、情趣高雅、举止优雅”的四博（博爱、博学、博艺、博雅）的优秀学子目标相契合。

课程实施

丰富多彩的课程学习

在本课程的实施过程中，主要结合“了不起的颜福庆”“漫步故居”“我眼中的颜福庆”三个主题，与我校的“成长足迹”系列课程中的“漫步老洋房，细品旧时光”相结合，采用“趣味定向越野”的形式，以“小队寻访、家长协同”的方式，移步校外，慢品故居，尝试通过项目化的活动设计，让学生们在设计中学会统筹规划、周密思考；努力探索学校、家庭、社会三位一体协同教育的育人模式，使学生能够在实践中提高学习兴趣，在获得感中增强对民族文化、地区文化的认同感和自豪感，并养成主动探索、创新的学习品格。

在课程的实施过程中，主要采用了搜索学习、行走学习和项目学习的方式。

一、搜索学习

搜索学习，是指学生在老师的指导下，有目的、有主题地利用网络资源进行自主学习的过程。搜索学习倡导学生的学习要以“主动参与，乐于探究，交流与合作”为主要特征。该学习方式从以教师讲授为主转为以学生动脑动手、自主研究、同伴合作学习与讨论交流为主，以此实现学习方式的根本转变。

教师用道德与法治的授课形式推进课程的实施，许多学生以前可能根本没有听说过颜福庆先生的名字，更谈不上熟悉和了解。此时，教师可以通过课程上向学生介绍有关颜福庆先生的重要贡献，如创办上海中山医院、创建上海医学院等，激发学生对课程学习的兴趣。

教师的专题介绍，对于学习颜福庆故居课程的学生而言，这只是一个初步印象，学生要具体化的了解则必须通过进一步的搜索学习，才能得到更为有效和丰满的结果。因此，在课程这一阶段的实施过程中，要求学生开始借助于互联网对无法解决的问题进行搜索，如通过互联网搜索收集颜福庆生平的相关资料、颜福庆先生的成就及传奇故事等。在搜索的过程中，学生可以根据自身的兴趣和需要，在大量的内容中整理、筛选出与课程要求有关的内容，从而加快对课程的学习进程，并通过自主化的学习活动得出结论，促进学生的积极思维。同时，通过这些活动进行同学之间、师生之间的合作与交流，以达到自主学习的目的。

更重要的是，通过学生自主的搜索学习，以资料为导向，带领学生逐步深入地了解颜福庆先生从医的理想：做医师的人，有牺牲个人、服务社会的精神，服务医界，不存在升官发财的心理。了解颜福庆先生身上折射出的爱国主义精神、吃苦耐劳精神、顽强坚持的毅力，感受其光辉的一生。颜福庆先生那严谨、勤奋的治学精神，兢兢业业的工作作风，是广大医务卫生工作者学习的榜样。

二、行走学习

行走学习是通过引导学生走出课堂，深入社会探寻、学习和实践，从而获得知识的一种学习方式。教育部在2017年印发了《中小学德育工作指南》（简称“指南”），《指南》是德育工作的规范性文件，文件对德育目标的实施提出了六大育人途径，其中对于“协同育人”提出要积极争取家庭、社会共同参与和支持学校德育工作。

爱菊小学“成长足迹”系列课程中，四年级的课程是“慢步老洋房，细品旧时光”的“定向越野”，利用湖南街道地理位置的优势和学校周边的社区资源，学校精心设计活动任务单，以“小队寻访、家长协同指导、社区联动支持”的形式，移步校外，慢品故居，开展有文化内涵的“定向越野”活动。

寻访颜福庆故居，行走武康路，通过留言条、活动细则等方式让学生们在共同合作中增进彼此的了解，感悟历史古迹，在行走中了解历史。

三、项目学习

项目化学习是一种聚焦主题，开展探究性学习的重要学习方式，通过做“了不起的医学教育家”项目，让学生在学习知识、了解生平的同时，多方面能力得到充分自主的发展。

项目化学习的过程赋予学习者应对未来挑战的能力，小组协作完成个性化的“我眼中的颜福庆”，以学生为中心组建学习团队，通过在此环境里解决一个开放式问题的经历来学习。根据“项目学习”的具体步骤，小组成员的“选题”是最关键的一环；然后是对项目的探究，这就要求教师要适时指导、启发和鼓励学生从不同角度出发，大胆猜想、小心求证；最后从生平、传奇故事、突出贡献等方面选择一个角度，以参观记、小报、PPT、感悟等形式说说对颜福庆先生的了解。

课　程　评　价

多元评价发展学生潜能

课程评价是课程实施中非常重要的一个环节，是切实保障课程质量、改善课程品质的关键手段，在本课程的实施过程中，主要采用了过程性评价、表现性评价和评选性评价三个评价方法。

一、过程性评价

过程性评价的“过程”是相对于“结果”而言的，它更多地关注教学过程中学生的学习情况，找出问题是过程性评价的一个重要内容。过程性评价不是只关注过程而不关注结果的评价，更不是单纯地观察学生的表现。

在学校开展颜福庆故居课程的过程中，将学生在学习中的点滴成就，采用自评和互评、教师评相结合的方式，使得评价更加客观、真实。综合实践活动评价的内容，根据课程开展阶段的不同，分为不同的层次，例如，有“能将查找到的有关颜福庆先生的信息与小组成员交流分享”“能用拍摄、速记等形式记录老洋房建筑的主要特点”等方法技能类的评价点，有“参观场馆文明有序”“小组合作分工明确、团队协作”等德育类的评价点。关键是要让学生能够及时收获学习给予的“报酬”，满足学生体验成功、享受成功的需求，从而进一步激发他们的学习热情和探究精神。

“了不起的颜福庆”个人评价表

评价内容	自己评一评	同学评一评	老师评一评
能说出颜福庆先生的主要贡献	☆☆☆☆☆	☆☆☆☆☆	☆☆☆☆☆
能掌握搜集整理资料的基本方法	☆☆☆☆☆	☆☆☆☆☆	☆☆☆☆☆
能完成一份建筑外部景观的写生作品	☆☆☆☆☆	☆☆☆☆☆	☆☆☆☆☆

二、表现性评价

表现性评价注重评价学生“做”的能力，即学生运用知识与技能解决问题的能力，将学生置于任务情景中，执行和完成任务，并做出评价。

因此，颜福庆故居课程与我校“成长足迹”课程相结合，注重评价学生在“漫步老洋房，细品旧时光”主题活动中提高解决问题的能力。

以颜福庆故居作为任务点之一，挑选探访点、制定任务单。活动前，进行自由分组建队，选出队长和邀请家长志愿者，并以小队为单位起队名、设计小队旗，学生自主参与，构建各自独特的答案以及合作完成任务。通过活动锻炼学生的实际操作能力，激发和培养学生的思维，开拓学生的创造性，使学生真正成为一个活动主人。

三、评选性评价

在“漫步老洋房，细品旧时光”主题活动中，所蕴含的“表现性评价”基础上，学校针对课程内容对学生完成的作品和团队的表现进行“评选性评价”。学生以小队为单位，对其完成的任务开展评选，如“最文明小队”“团结合作小队”“最具创意奖”等，并对其进行表彰。

评选性的评价机制，调动学生参与的积极性和主观能动性，给予学生正确的导向，使学生通过评选活动，能够进一步提升自己对“老洋房名人故居”的鉴赏能力，形成良性的引导作用。

家长志愿者为小队活动保驾护航

组建小队、起队名、设计队徽

“了不起的颜福庆”小队评价表

小队名			
评价内容	队员评一评	老师评一评	家长评一评
有队名、队徽和小队活动公约	☆☆☆☆☆	☆☆☆☆☆	☆☆☆☆☆
参观场馆文明、安静、有序	☆☆☆☆☆	☆☆☆☆☆	☆☆☆☆☆
小组团结协作、分工有序	☆☆☆☆☆	☆☆☆☆☆	☆☆☆☆☆
爱护公共服务设施	☆☆☆☆☆	☆☆☆☆☆	☆☆☆☆☆
高效完成所有任务	☆☆☆☆☆	☆☆☆☆☆	☆☆☆☆☆

执笔　黄晓燕